Guía ilustrada de
Musculación
sin aparatos

Entrenamiento con el
propio peso corporal

Dr. DANIEL GÄRTNER

TUTOR

Lo que puedes encontrar en este libro

Planes de entrenamiento   157

Apéndice

El entrenamiento con autocargas está de moda

El cuerpo humano es un aparato perfecto de *fitness*; sus variados tipos de movimiento y posibilidades de esfuerzo pueden eclipsar a la más tecnificada máquina de *fitness*. Existe la posibilidad de entrenar de forma sumamente flexible y efectiva sin más que usar el propio peso corporal y, además, es posible hacerlo en cualquier sitio. Para eso no se precisan equipos caros, sino solo la voluntad, las ideas y un plan de entrenamiento adaptado a cada persona y que le muestre la dirección adecuada.

Entrenamiento con el propio peso corporal

El desarrollo del *fitness* con sus múltiples formas de manifestación y sus diversos componentes forma parte, desde hace décadas, de los más firmes elementos de un concepto de entrenamiento perfectamente estructurado. Durante los últimos años, la ciencia deportiva ha asignado un papel muy notable al entrenamiento de la fuerza. Por tal motivo, este entrenamiento es importante para todos, ya se trate de deportistas aficionados o de atletas de alto rendimiento, y, además, puede estructurarse de forma muy sencilla y combinarse con otros contenidos.

Ventajas de nuestra anatomía

Para entrenar la fuerza no es necesario utilizar sofisticadas máquinas. La anatomía humana ofrece diversas posibilidades de ejercicios, con variantes, prácticamente ilimitadas, que, en su conjunto, son más complejas que el entrenamiento aislado con aparatos.

Según se va avanzando, se amplía el repertorio de ejercicios.

De esa forma se tiene la posibilidad de entrenar de acuerdo con los deseos y objetivos de cada uno.

Si se desea mejorar la forma física en general, se deben combinar los ejercicios de fuerza con los de resistencia. Si el enfoque reside en el desarrollo muscular, hay que realizar un incremento de los ejercicios que supongan mayor esfuerzo. Si, por el contrario, lo que se busca fundamentalmente es mejorar la resistencia o la velocidad, habrá que dar prioridad a los elementos atléticos del cardio. Gracias a la variedad de movimientos que nos posibilitan nuestras articulaciones, estamos en condiciones de entrenar cada grupo muscular con los más diversos ejercicios. Cada recorrido, flexión, levantamiento, caída o giro de las distintas extremidades o segmentos corporales se ejecuta con los grupos musculares adecuados. Estos músculos se pueden entrenar de una forma totalmente orientada y sencilla valiéndose del propio peso corporal.

Posibilidad de una iniciación sencilla

El primer contacto con el entrenamiento es muy fácil, pues casi todos los ejercicios se pueden clasificar con distintos grados de dificultad, teniendo en cuenta el rendimiento y la experiencia de cada individuo. Basta un desplazamiento del centro de gravedad hacia delante, a un lado o hacia atrás para hacer variar notablemente la intensidad de un ejercicio. Es suficiente un cambio de la postura del cuerpo para involucrar en los ejercicios a varios grupos musculares o bien desconectarlos y aislarlos al entrenar.

De esta forma podemos darnos cuenta de que, gracias a su estructura anatómica, el cuerpo humano encierra un rico tesoro de movimientos que incluye ejercicios para cada grupo muscular y cada nivel de rendimiento. Por tanto, a través del entrenamiento con el propio peso corporal, se puede ajustar individualmente la intensidad de los ejercicios.

Las ventajas son evidentes

El denominado entrenamiento con el propio peso corporal o con autocargas es ideal para cualquier persona, pues se puede practicar con absoluta libertad en cuanto a espacio y tiempo para ejecutarlo. No se depende de un gimnasio, no necesita de cursos y no precisa una inversión en equipos caros y voluminosos. De esa forma se reduce el riesgo de lesiones causadas por sobrecargas accidentales al trabajar con pesos elevados: el cuerpo actúa de forma más económica y funcional al servirse solo de su propio peso. De aquí se deduce que en los gimnasios siempre se trabaja con cargas excesivas aun cuando el deportista no posea la capacidad de rendimiento adecuada.

Precisamente es entre los jóvenes principiantes donde más se puede observar tal comportamiento. Debido al constante espíritu competitivo, es frecuente ver que los levantadores de peso más inexpertos pasan de repente a incrementar más y más el peso, y eso, en el peor de los casos, puede acabar en un desgarro muscular.

A través del entrenamiento con el propio peso corporal se reducen al mínimo los estímulos más violentos. Además, la activación compleja de la musculatura en los ejercicios de esta clase permite conseguir una mayor percepción corporal.

El entrenamiento con el propio peso corporal aporta otras muchas ventajas. Además de la libertad de práctica en cuanto a espacio y tiempo para ejecutarlo, es posible ahorrarse las miradas de los otros asistentes al gimnasio. No hay que resignarse a hacer largos desplazamientos para llegar a las instalaciones y es muy cómodo ducharse en casa después del entrenamiento. Se puede practicar en solitario, con un grupo de amigos, e interrumpirlo en cualquier momento para intercalar pequeñas pausas. Si estamos de viaje, se puede realizar un entrenamiento en la Naturaleza, en un lugar bonito. También es factible ejecutar las sesiones en la habitación del hotel, en la playa, en la terraza o sencillamente en la sala de estar de casa.

El entrenamiento al aire libre aporta variedad y se puede practicar de forma rápida y sencilla en casi cualquier lugar.

Breve historia del entrenamiento de la fuerza

El desarrollo de un cuerpo vigoroso y estético es algo muy asentado desde hace mucho tiempo en la historia de la Humanidad y se ha cimentado firmemente en las distintas épocas de la evolución del ser humano. Era frecuente que sirviera de preparación para acciones de guerra y combate; esta preparación supuso, con la celebración de los Juegos Olímpicos en la antigua Grecia, un cambio con trasfondo deportivo. Para sacar provecho de las ventajas de los Juegos, los primeros olímpicos entrenaban sus músculos con ejercicios de fuerza. Para ello, la mayoría de las veces debían servirse de su propio peso corporal a base de tirar o trepar por cuerdas o incorporar elementos auxiliares como las pesas de madera, hierro o piedra. Un cuerpo fuerte y bien desarrollado era un símbolo de estatus asociado a cualidades heroicas. El entrenamiento de la fuerza era muy importante en las variedades deportivas de duelo entre dos, por ejemplo, el pancracio, una mezcla de boxeo y de lucha. Además de la destreza técnica, los elementos decisivos para la victoria o la derrota eran frecuentemente la fuerza y la resistencia.

Desarrollo de los deportes en la época moderna

La conformación de un cuerpo robusto y deportivo sufrió continuos cambios a lo largo de la historia de la Humanidad. En la Edad Media el ejercicio físico se reservaba a los caballeros o las clases militares dirigentes. En las épocas siguientes tampoco se consideraba conveniente la práctica de la actividad física. Incluso en tiempos del Rey Sol, alrededor del año 1715, el cuerpo masculino llegó a ser considerado como algo indecoroso.

Desde la Antigüedad, el entrenamiento de la fuerza ha sido considerado un factor muy valioso para superar al adversario.

Un siglo más tarde la filantropía moderna estableció el concepto *sport* (deporte). Fueron, sobre todo, el filósofo Jean-Jacques Rousseau y el pedagogo Johann Pestalozzi los que contribuyeron a la incorporación de la actividad física a la sociedad. La era de la Ilustración, con sus opiniones abiertas y liberales, generó al mismo tiempo un importante trasfondo de tipo social. El antiguo lema latino *«mens sana in corpore sano»* experimentó en ese tiempo un auténtico renacimiento.

Alrededor de 1811, Friedrich Ludwig Jahn colaboró decisivamente en el desarrollo de los deportes. Sus movimientos gimnásticos incluidos en los ejercicios físicos con aparatos, en la natación, en las marchas y en la esgrima, transformaron poco a poco la actitud de la población frente a la corporeidad y supusieron la creación de una senda por la que iba a discurrir el deporte moderno.

Bodybuilding alrededor del año 1900

En el curso de los siguientes decenios se desarrolló una imaginería del cuerpo que resucitó el ideal atlético de los antiguos griegos. Ese culto al cuerpo experimentó un gran auge y renacimiento con Eugen Sandow (año 1890), por lo que buena parte de la bibliografía especializada le considera el inventor del *BODYBUILDING* o culturismo. No obstante, hubo que esperar hasta las décadas de 1960 y 1970 para que el entrenamiento muscular en el deporte llegara a ser cada vez más popular. En un principio, este tipo de entrenamiento encontró poca aceptación, ya que estos ejercicios también debían tener cierta utilidad para los deportistas «auténticos», hecho que era difícil de reconocer tras unos hombres con cuerpos grandes y que parecían hinchados. Ese es el motivo por el que, en aquellas épocas, el entrenamiento de la fuerza estaba desacreditado y se calificó frecuentemente como puro «culturismo» o «exhibicionismo».

Con el tiempo, gran cantidad de reputados deportistas y actores reconocieron el potencial de esta nueva corriente. No se trataba tan solo de conseguir una enorme masa de músculos, sino que los estímulos de la fuerza debían estabilizar y dar capacidad de rendimiento al sistema muscular. Una serie de investigaciones científicas llevadas a cabo en las décadas de 1980 y 1990 corroboraron el sentido y la utilidad del entrenamiento de la fuerza como complemento a un programa deportivo regular. Con ello no solo se subrayaron sus consecuencias positivas en la capacidad de rendimiento, sino también el valor añadido que aportaba el entrenamiento de la fuerza para la salud. Esa forma de entrenamiento adquirió un papel preponderante, pues unos músculos fuertes servían de motor al cuerpo para mejorar sensiblemente su rendimiento, influir positivamente en el metabolismo y economizar en los procesos de control de la coordinación.

Un nuevo espíritu de la época trajo consigo un cuerpo ideal totalmente modificado.

El entrenamiento del *fitness* está en boga

El *fitness* consta de componentes como la resistencia, la fuerza, la velocidad y la elasticidad; junto a habilidades coordinativas como el equilibrio, la orientación, la asociación, la reacción y la adaptación. Hace unos años el entrenamiento del *fitness* se realizaba como complemento a la preparación física normal, buscando mejorar el rendimiento en una determinada actividad deportiva. Los objetivos estéticos y de salud solo eran perseguidos por una minoría.

Actualmente, el concepto del *fitness* ha sufrido un cambio espectacular. Por una parte, debido a las actividades de vida sedentaria, cada vez se considera más importante la práctica de alguna actividad física. Por otra, gracias a las modernas tendencias, a las investigaciones médicas e incluso a los nuevos estilos de vida, el *fitness* ya no está reservado exclusivamente a culturistas o deportistas, sino que se ha incorporado al conjunto de la población por su impacto en la salud y en la estética.

Estar «en forma» (*fit*) significa estar a la moda y formar parte de ella. Es muy popular ocuparse del cuerpo y de la salud, y en eso desempeña un papel muy notable un entrenamiento de fuerza orientado; los músculos son el motor de nuestros movimientos, por lo que merecen una atención especial por nuestra parte.

COMENTARIO

Hace ya mucho tiempo que el entrenamiento de la fuerza orientado al *fitness* ha dejado de constituir un dominio exclusivo de los hombres. El entrenamiento con el propio peso corporal también ha alcanzado gran popularidad entre las mujeres, pues el entrenamiento muscular actúa de forma muy positiva sobre el metabolismo de las grasas y contribuye a tonificar los tejidos.

Implantación del entrenamiento de la fuerza

Ya sea en un gimnasio, en un club deportivo o en casa, cada vez son más las personas que practican una combinación bien estructurada de ejercicios de fuerza y resistencia. Por motivos fisiológicos y de salud, la velocidad tiene un papel menos importante.

Durante mucho tiempo se prestó poca atención al entrenamiento de la fuerza debido a que la resistencia era considerada como el símbolo de una única actividad deportiva orientada a la salud. Los efectos positivos del entrenamiento de la fuerza son conocidos desde hace decenios, pero durante algún tiempo no fueron valorados de forma similar a los beneficios de la resistencia. Sin embargo, en los últimos años se puede observar una tendencia hacia este entrenamiento de la fuerza. Por una parte, porque sus efectos positivos han sido destacados por la ciencia, y, por otra, porque constituye un nuevo modelo e ideal para renovar la imagen de los deportistas de fuerza.

Apartar el entrenamiento con máquinas

Ya hace bastante tiempo que ha quedado anticuada la idea de que un entrenamiento efectivo de la fuerza solo se puede realizar con la ayuda de máquinas. Está claro que no se puede discutir la efectividad de este tipo de entrenamiento, pero en los últimos años se tiende a alejarse de las máquinas sustituyéndolas por un entrenamiento funcional con el propio peso corporal. Cada vez son más los entusiastas del *fitness* que describen el entrenamiento con el propio peso corporal como la forma más sencilla de practicar.

Las ventajas de este entrenamiento gozan de gran popularidad entre los deportistas orientados al *fitness* y a la salud, a pesar de que las posibilidades de su estructuración y sus posibles variantes han sido frecuentemente subestimadas.

¿Verdaderamente «en forma»?

Casi todos los deportistas pretenden, mediante su entrenamiento, encontrarse «verdaderamente en forma». Es muy frecuente escuchar esta expresión en determinados círculos. Pero ¿cómo se está de verdad en forma y a qué se refiere realmente esa expresión? La Deutsche Olympische Sportbund[1] (DOSB) ha investigado acerca de estas preguntas y de las condiciones necesarias para llevar a la práctica la situación concreta de cada actividad deportiva. La expresión «verdaderamente en forma» significa mucho más que practicar tan solo el entrenamiento muscular. «Verdaderamente en forma» quiere decir mantenerse saludable durante mucho tiempo, valorar perfectamente los límites de rendimiento de sí mismo, conocer sus objetivos y después dar forma a la concepción individual del entrenamiento. En esta declaración se

encierran las informaciones más importantes que pueden servir de ayuda para la estructuración y puesta en práctica del entrenamiento de cada individuo. Una vez que se ha comenzado con el entrenamiento, este no debe contemplarse como una molesta obligación, sino que debe integrarse como un sólido elemento en el estilo de vida de cada uno.

Según la DOSB, en el hecho de cambiar para encontrarse «verdaderamente en forma» existen muchos aspectos importantes que desempeñan un notable papel y que pueden llevarse a cabo a cualquier edad. A modo de resumen, serían los siguientes:

- Una actividad deportiva regular y armonizada, con reiteradas sesiones de entrenamiento que se puedan mantener muchos años; es decir, durante toda la vida.
- Una actividad deportiva correcta, ajustada en su contenido e intensidad a la situación vital de cada uno y a su capacidad de rendimiento regular.
- Una medida adaptada a objetivos individuales en el contexto de la salud personal.
- Entrenarse con alegría y de forma divertida, no considerándolo como un «deber» sino como un «poder».

---

[1] Confederación alemana de deportes olímpicos.

Además de la fuerza, la velocidad y la resistencia, en el concepto más amplio del *fitness* se incluye también un entrenamiento regular de la elasticidad.

Entrenamiento funcional de la fuerza

El uso del llamado entrenamiento funcional de la fuerza (*functional trainig* en inglés) no es nuevo. Sobre todo en el entrenamiento orientado al rendimiento es donde se utilizan los ejercicios que aportan a los deportistas un patrón natural de movimientos. En este caso no aparecen en primer plano unas hipertróficas masas musculares, sino la condición atlética del deportista surgida de la combinación de distintas características motoras.

Variedad de las prácticas de movimiento

Las acciones de movimiento que se deben dominar en el entrenamiento representan en su mayoría unas complejas formas de ejercicio que apuestan por la versatilidad. En primer lugar, aparece la participación del

Los esfuerzos de la vida cotidiana activan frecuentemente todas las cadenas musculares.

conjunto de varios grupos musculares, que se requieren de forma semejante a lo que ocurre en el deporte real o en los diversos cometidos de la vida cotidiana.

Por una parte, esto puede suponer una actividad física como la de sacar una caja de refrescos del maletero del coche o la de llevar en una sola mano las bolsas de la compra. Precisamente detrás de estos movimientos cotidianos y aparentemente sencillos es donde se oculta el peligro de lesiones. Es frecuente que el individuo no esté preparado para los movimientos rápidos o las reacciones voluntarias y pague estas prácticas con distensiones e incluso consecuencias mucho peores. Por tanto, el entrenamiento debe organizarse de una forma muy inteligente para que las cadenas musculares afectadas trabajen conjuntamente de una forma económica.

Por otra parte, en los diversos tipos de deporte real se saca provecho de los movimientos complejos gracias a un entrenamiento funcional de la fuerza, pues los patrones de movimiento de los ejercicios ofrecen comparativamente más paralelismo que el que surge a partir del entrenamiento aislado de esta. Un ejemplo sería la creación de capacidad compleja de fuerza que supone realizar un fondo con un solo brazo, pues su ejecución exige la tensión de los hombros, los brazos, el tórax y todo el tronco en su conjunto. Estas cadenas musculares son exactamente las mismas que actúan al aplicar un golpe de boxeo o en el lanzamiento de peso. Si el deportista realiza este entrenamiento con una máquina, no podrá optimizar la coordinación del conjunto de los músculos debido a que dicho entrenamiento solo requiere el esfuerzo de un grupo muscular concreto.

Práctica de los ejercicios y sus variantes

Para entrar en acción es frecuente practicar ejercicios con el propio peso corporal, pesos libres, anillas, cuerdas, sacos de arena o con los «modernos» aparatos de *fitness* funcional, como las barras flexibles, el entrenamiento en suspensión, etc. Manteniendo una especial consideración sobre la funcionalidad, es frecuente centrar la atención en la zona media (*core*), pues supone el punto central de todos los ejercicios funcionales. El entrenamiento con el propio peso corporal puede ser considerado, per se, como de tipo funcional, pues nada puede ser más natural que mover el propio cuerpo. Los tipos de deporte complejos se valen desde siempre de este principio para practicar métodos de fortalecimiento más complejos y funcionales. Los gimnastas, atletas o boxeadores son los típicos representantes de este concepto de entrenamiento y lo usan constantemente como patrón ante las supuestas nuevas tendencias.

Entrenamiento ya contrastado pero con un nuevo aspecto

Hoy en día, el *functional trainig* (ver Boyle, 2010) o *intelligent trainig* (Sanata, 2000, en Fleck & Kraemer, 2004, p. 155) es identificado como nuevo y revolucionario. Sin embargo, el ya contrastado entrenamiento de rendimiento ha experimentado en los últimos años un nuevo auge y se considerado apropiado para todo el mundo. Las pesas están *out* y las *kettlebells* vuelven a la categoría de *in*. En lugar de entrenar con aparatos aislados de *fitness*, regresan los balones medicinales lanzados contra la pared, el arrastre de neumáticos de coche o trepar por una soga.

Los nuevos conceptos y denominaciones cuestionan en parte a los ya establecidos y contrastados. De ahí se podría deducir la impresión inicial de que en los últimos años el entrenamiento se ha practicado de una forma poco efectiva y errónea. Una observación más precisa hace ver que, en realidad, los cambios son escasos. Los antiguos ejercicios se suelen presentar con un nuevo estilo y los conceptos tradicionales de la enseñanza del entrenamiento se ocultan detrás de un manto de neologismos americanos. Sin embargo, los fundamentos y el telón del fondo no han experimentado cambios significativos.

Está claro que aquí no se pretende desacreditar ningún concepto del entrenamiento. De hecho, hay muchos usos nuevos y prácticos que lo enriquecen positivamente. Las investigaciones de la ciencia deportiva han permitido rechazar los errores en que incurrían las enseñanzas contrastadas del *fitness*.

El desarrollo de una buena sensación física

En los últimos tiempos siempre se plantea la pregunta de cuál es el auténtico objetivo que se desea alcanzar con el entrenamiento. Para el desarrollo de unos músculos más inteligentes y un cuerpo atlético y en forma, es suficiente básicamente con un entrenamiento con el propio peso corporal. De esa manera se aprenden las relaciones correctas con el cuerpo y se pueden captar e interpretar las señales y reacciones que nos envía. Y, sobre todo, se desarrolla una valiosa sensación física con la que disfrutar plenamente de la vida y poder moverse mejor.

Ejercicios básicos: son la estructura fundamental de una buena concepción del entrenamiento.

Tan fácil y tan efectivo

El entrenamiento con el propio peso corporal o con autocargas ofrece múltiples variantes y es especialmente adecuado para la estructuración de un *fitness* atlético. No existe ningún otro entrenamiento que sea tan versátil, sencillo y sin grandes despliegues. Además permite muchas posibilidades de variación de los ejercicios con la utilización de sillas, bancos, toallas, almohadas o cualquier cosa que se adapte al nivel de rendimiento de cada uno.

Las relaciones adecuadas con el propio peso corporal como fundamento de cualquier entrenamiento

El fundamento de cualquier entrenamiento de *fitness* significa que los principiantes deben entrenar con su propio peso corporal. En la edad infantil, sobre todo, hay que favorecer la comprensión del cuerpo de una forma gradual y orientada a la salud. En los adultos ese concepto también es especialmente valioso, pues con él se aprende el principio de las relaciones adecuadas con el cuerpo. Las máquinas y los aparatos generan frecuentemente, por medio de una secuencia artificial de movimientos, una percepción errónea del cuerpo.

El gimnasta como modelo

Que el cuerpo se puede entrenar exclusivamente con el propio peso corporal es algo que nos muestran una y otra vez los gimnastas. Con músculos vigorosamente desarrollados y bien definidos hasta en su último haz de fibras, estos deportistas sorprenden por su estética, agilidad y dominio de su cuerpo. La combinación de fuerza, coordinación y movilidad quedan de manifiesto, más que en ningún otro deporte, en la gimnasia con aparatos. El gimnasta representa el ejemplo clásico de un atleta muy bien conformado en lo físico y con todas sus facultades motoras perfectamente asociadas. Para conseguirlo, el gimnasta debe trabajar casi exclusivamente con su propio peso corporal y combinar formas complejas de prácticas con ejercicios básicos aislados y combinaciones de ellos.

En el entrenamiento gimnástico se combinan fuerza, movilidad, estética y coordinación.

Fundamentos científicos del deporte

En este capítulo se explican las bases científicas del deporte a fin de facilitar la puesta en práctica del entrenamiento.

La importancia del entrenamiento de la fuerza

Los músculos representan la fuente del movimiento humano. Constituyen nuestro activo aparato locomotor con el que nos podemos desplazar a nuestro antojo. Solo por este hecho, un fortalecimiento muscular bien orientado desempeña un importante papel para mantener el cuerpo saludable y en buena forma durante mucho tiempo. Además, con el entrenamiento regular de la fuerza se ejerce una influencia positiva en los procesos metabólicos. La osteoporosis y las enfermedades degenerativas asociadas a la edad, como por ejemplo la artrosis, pueden contrarrestarse con este entrenamiento. La fuerza forma parte, junto con la resistencia, la rapidez y la movilidad, de las cualidades que se engranan como ruedas dentadas y determinan la capacidad física de

rendimiento del cuerpo humano. La práctica de un entrenamiento regular de la fuerza sirve para retrasar los procesos degenerativos propios de la edad e incrementar la calidad de vida.

Motivos para practicar el entrenamiento de la fuerza

El entrenamiento regular de la fuerza no solo propicia el desarrollo de unos músculos bonitos. Además, a través de este entrenamiento se activan importantes procesos que mantienen el cuerpo humano saludable y eficiente.

Un entrenamiento razonable de la fuerza combina las diversas facultades de la fuerza con los procesos coordinativos, lo que se traduce especialmente en importantes procesos de control, en la percepción física del cuerpo y en su aspecto. Además, son muchas las habilidades y procesos físicos que mejoran y se preservan gracias al entrenamiento muscular.

- Presencia y estética.
- Desarrollo de la fuerza.
- Compensación de desequilibrios musculares.
- Incremento de la capacidad de resistencia muscular.
- Mejora de la coordinación intramuscular e intermuscular.
- Prevención de fracturas y osteoporosis.
- Optimización de los procesos de control y excitación entre nervios y músculos.
- Economía para el aparato locomotor en su conjunto.
- Regularización del metabolismo energético.
- Mayor consumo de calorías motivado por el incremento del metabolismo basal.
- Fomento de la síntesis de los lípidos.
- Función de apoyo a las articulaciones, sobre todo de la columna vertebral.
- Función amortiguadora frente a caídas o accidentes.

INTERESANTE

En los últimos años, la ciencia deportiva ha otorgado un papel cada vez más importante al entrenamiento de la fuerza. La capacidad de nuestros músculos para ejercer fuerza influye notablemente en todas sus facultades condicionales. Por tanto, con el entrenamiento regular de la fuerza se consigue mucho más de lo que pudiera parecer a primera vista. Para aprovecharse a largo plazo de sus efectos positivos, la edad no debe ser un motivo para dejar de lado el entrenamiento. En lugar de eso, lo aconsejable es practicarlo con un rango más moderado y una intensidad decreciente que permitan mantener el estado de forma actual. Esto significa que lo mejor es entrenar con frecuencia aunque con mayor suavidad.

Fundamentos y términos

Esta obra incluye una amplia colección de ejercicios para el entrenamiento con autocargas y presenta detalladamente la forma de ejecutar cada ejercicio y sus peculiaridades. También se explican algunos conceptos básicos importantes, denominaciones y términos del entrenamiento que servirán para facilitar tanto su práctica como los resultados.

Fijar pequeños objetivos parciales

Estos fundamentos teóricos son importantes, sobre todo, para la planificación del entrenamiento y para una correcta dosificación y ejecución de los ejercicios; entre otros aspectos, por ejemplo, para decidir la elección de los mismos. Un entrenamiento poco planificado llega, a largo plazo, a resultar desfavorable y no es extraño que lleve a su interrupción. Unos objetivos parciales bien orientados sirven para fomentar la coordinación. Son fáciles de controlar y sirven para obtener resultados prometedores. Si un principiante no consigue, por ejemplo, completar un

fondo, se puede fijar el objetivo parcial de lograrlo en 4 o 6 semanas. Puede comenzar a practicarlo apoyado en las rodillas hasta que, al cabo de un par de semanas, esté en condiciones de acercarse lentamente a su objetivo. Lo mismo cabe decir del número máximo posible de repeticiones de un ejercicio, de la velocidad del movimiento y de la capacidad de resistencia. Para ajustar de una forma fructífera estos componentes, se requieren una buena base de conocimiento del entrenamiento.

¿Quién debe hacer entrenamiento de la fuerza?

Básicamente, todas las personas deben cuidarse de mantener durante largo tiempo unos músculos saludables y entrenarlos regularmente. No importa que sean jóvenes, adultos o personas mayores, pues lo importante es un entrenamiento adecuado para cada grupo de edad y de nivel de rendimiento. Sin embargo, es necesario adoptar precauciones cuando se padece

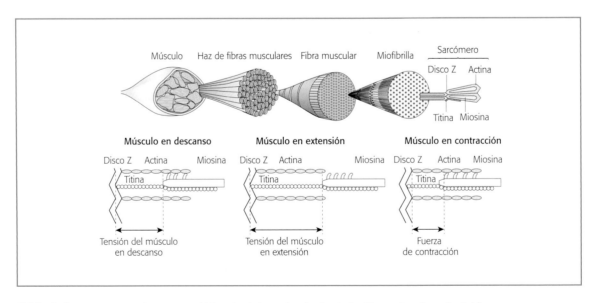

Fisiología de nuestra musculatura esquelética, desde los músculos hasta los filamentos de aminoácidos.

algún tipo de enfermedad o lesión puntual o crónica. En tal caso, antes de empezar, hay que acordar el plan de entrenamiento con un médico o un profesional experto.

¿Cómo funciona nuestra musculatura?

La musculatura de un ser humano se caracteriza por su organización en fibras y está integrada aproximadamente en un 85% por filamentos contráctiles de mioxina y actina. El 15% restante lo forman diversos tipos de tejido conjuntivo que desempeñan un importante papel en la extensión del músculo.

Las unidades básicas de cada uno de los músculos las representan las fibras musculares, que se integran en haces de fibras. Una fibra muscular está formada por numerosas miofibrillas, de las que puede haber de 1.000 a 2.000 por cada una de ellas, extendiéndose a lo largo de toda la fibra. Las miofibrillas constan, a su vez, de células musculares conectadas en serie y se subdividen en los sarcómeros a través de los denominados discos Z. Los filamentos celulares de aminoácidos, como la actina, la miosina y la titina, ejercen tracción longitudinal por medio de los sarcómeros. La miosina es más delgada que la actina y viene caracterizada por unos corpúsculos contráctiles que, al conectarse y desconectarse con los filamentos de actina, posibilitan finalmente la contracción de los músculos.

COMENTARIO

No todo el mundo dispone de una colosal masa muscular ni es un atleta de rendimiento. Por este motivo, lo aconsejable es un entrenamiento específico de la fuerza que varíe en función de la fijación individual de objetivos. Para no desatender las capacidades coordinativas, el entrenamiento debe ser diseñado de una forma razonable y funcional.

La forma de trabajo de la musculatura

El movimiento corporal solo es posible gracias a la intervención conjunta de varios músculos. El músculo que participa fundamentalmente en el movimiento haciendo funciones de contracción es denominado músculo «agonista». Al mismo tiempo, para garantizar el movimiento, debe existir un músculo opuesto que pueda ceder a la acción del agonista. Este músculo contrario es el «antagonista».

Cuando, por ejemplo, se flexiona un brazo, el músculo flexor (bíceps) es el agonista y el extensor (tríceps) es el antagonista. Los antagonistas que actúan en cada ocasión con sus labores de freno y extensión procuran el ajuste fino del movimiento. Esta armonización recíproca es conocida con el nombre de «coordinación intermuscular» y describe la participación de diversos músculos en cada movimiento. El entrenamiento regular de la fuerza mejora extraordinariamente este proceso.

Los músculos que actúan colaborando mutuamente son los denominados músculos «sinérgicos»; cooperan en el movimiento y lo estructuran en la dirección de la fuerza.

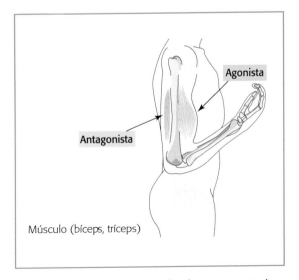

Músculo (bíceps, tríceps)

Cada músculo está siempre coordinado con un contrario o antagonista.

La coordinación intermuscular

Cada movimiento surge del trabajo conjunto de varios músculos que se reúnen formando lazos musculares y realizan el movimiento. Esta actividad armónica de los distintos grupos musculares se conoce como la **coordinación intermuscular.** Así sucede que, en los movimientos más complejos, haya músculos que actúen simultáneamente como agonistas y como antagonistas alternando constantemente su función. Cuanto más complicado sea un movimiento, el organismo deberá coordinar un mayor número de lazos musculares.

Por eso, en la planificación del entrenamiento es imprescindible observar cuáles son los agonistas y antagonistas que son sometidos a un esfuerzo regular. Una planificación razonable del ejercicio mejorará la coordinación intermuscular del cuerpo, con lo que los movimientos podrán ser más económicos, estéticos, vigorosos y libres de lesiones. Esta es la causa por la que, para desarrollar adecuadamente el equilibrio, la coordinación y la fuerza, resultan especialmente beneficiosos los ejercicios realizados con el propio peso corporal. El entrenamiento con el propio peso corporal estimula continuamente al individuo a fin de estabilizar su

postura, mantener la activación muscular y coordinar varias cadenas musculares.

La coordinación intramuscular

La **coordinación intramuscular** describe las capacidad de incorporar la mayor cantidad de unidades motoras (por ejemplo, nervios) a las correspondientes fibras musculares.

En los principiantes que no han realizado entrenamientos de la fuerza o que apenas han practicado ejercicio físico, la **coordinación intramuscular** suele estar marcadamente disminuida debido a que se mantiene muy bajo el umbral de estimulación que sirve para ejecutar las actividades

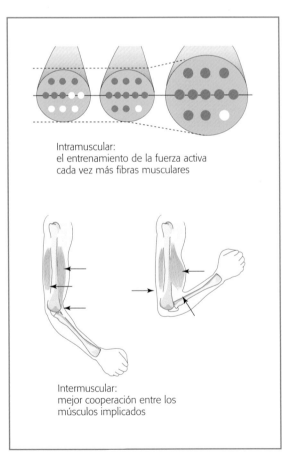

Intramuscular:
el entrenamiento de la fuerza activa cada vez más fibras musculares

Intermuscular:
mejor cooperación entre los músculos implicados

Reclutamiento de las fibras musculares.

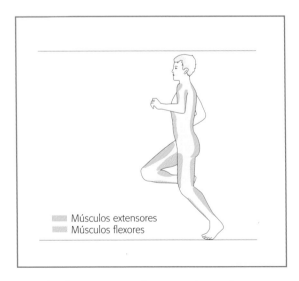

Músculos extensores
Músculos flexores

Los músculos extensores y flexores actúan conjuntamente.

diarias. Al comenzar un entrenamiento de fuerza, este umbral debe experimentar unos progresos muy rápidos durante las primeras semanas. Esta circunstancia se debe más a la mejora de la coordinación intramuscular que al crecimiento de los músculos. Ese incremento del umbral muscular y la utilización de nuevas formas de movimiento captan cada vez más unidades motoras, hasta ahora improductivas, y eso ocurre antes de que, gracias a los continuos progresos del entrenamiento, las células musculares se adapten morfológicamente y se hagan más gruesas.

Formas de contracción muscular

La fuerza en el deporte se pone de manifiesto de formas muy diversas. Un deportista puede superar una resistencia contrarrestándola a base de mantenerse estático o tensando sus músculos sin estar sujeto a otras fuerzas exteriores. Básicamente existen las siguientes formas de contracción:

■ **1. Concéntrica:** Esta contracción representa la forma clásica de trabajo muscular. En este caso se superan las resistencias debido a que se contrae la musculatura (por ejemplo, el movimiento hacia arriba en una sentadilla o, sencillamente, solo la flexión de los brazos).

DE INTERÉS

En el entrenamiento de la fuerza, el principiante mejora de 4 a 6 semanas más rápido que el avanzado que ya disponga de una coordinación intermuscular bien desarrollada. En consecuencia, un practicante avanzado debe compensar el estímulo del entrenamiento mediante una adaptación morfológica que se prolonga bastante más que el desarrollo de la coordinación.

■ **2. Excéntrica:** Esta forma de contracción representa el movimiento contrario a la concéntrica. El músculo se estira bajo el efecto de la tensión para contrarrestar la resistencia (por ejemplo, el movimiento hacia abajo en una sentadilla o en la extensión de los brazos).

■ **3. Isométrica:** Con esta contracción se mantiene una posición estática. Esto conduce a un incremento de la tensión pero sin que varíe la longitud de la musculatura (por ejemplo, mantener una sentadilla, o bien un fondo, en su posición más baja).

Las tres formas de contracción: 1. Concéntrica (vencer). 2. Excéntrica (ceder). 3. Isométrica (sostener).

■ **4. Isotónica:** Esta contracción representa una forma muy especial de contracción. Aquí se produce una alteración de la longitud muscular bajo una tensión mantenida (por ejemplo, el posado del culturista).

En la práctica del deporte en raras ocasiones la musculatura se contrae solo. Casi todos los movimientos necesitan de una forma mixta que produce tanto la alteración de la longitud como la de la tensión de los músculos. En la ciencia deportiva esta forma de trabajo es identificada como **auxotónica.**

Por el contrario, en un entrenamiento aislado de la fuerza la forma de trabajar puede ser controlada con una finalidad determinada. Si el entrenamiento debe ser predominantemente excéntrico, se puede practicar muy lentamente, por ejemplo, el movimiento hacia abajo en una sentadilla. Si se enfoca la atención en el ámbito concéntrico, es muy posible que la tensión hacia arriba en una plancha oblicua sea ejecutada de una forma más rápida y vigorosa. También el apoyo isométrico de los fondos con un determinado ángulo de ejecución y durante un cierto tiempo puede ser una opción para la planificación del entrenamiento.

Los componentes de la fuerza

El uso del entrenamiento de la fuerza puede diseñarse bajo aspectos muy variados debido a que las formas de manifestación de la fuerza son extraordinariamente versátiles. La fuerza máxima representa fundamentalmente la capacidad básica, y en ella influyen tres subcategorías: elasticidad, fuerza reactiva y resistencia de fuerza (ver Grosser *et al.*, 2001, p. 41). A cada componente principal pertenecen otros muy diversos que pueden variar según el tipo de deporte o el planteamiento de objetivos.

Por consiguiente, cada uno debe plantear su plan de entrenamiento según la exigencia de los resultados previstos. Por ejemplo, un esprínter apostará por reforzar la formación de la elasticidad, mientras que un saltador de altura o un gimnasta necesitarán una buena fuerza reactiva.

En la tabla que sigue figuran todos los tipos de fuerza y su forma jerarquizada de presentación. Para entender mejor su contexto, procedemos a dar una breve explicación.

Fuerza máxima

Es la mayor fuerza posible que un ser humano puede generar una vez de forma voluntaria. El despliegue global de la fuerza máxima, que es posible teóricamente gracias al rendimiento de los músculos, puede aparecer también de forma involuntaria. Nuestro cuerpo mantiene unas reservas autónomas que pueden salir a la luz en caso de una elevada secreción de adrenalina. Por ejemplo, las fuerzas que surgen cuando nos vemos en la necesidad de liberar a una persona atrapada en el interior de un coche accidentado.

Fuerza máxima		
Elasticidad	Fuerza reactiva	Resistencia de fuerza
Fuerza de salida	Fuerza de tensión	Anaeróbica-alactácida
Fuerza explosiva	Tono muscular	Anaeróbica-lactácida
		Aeróbica-glucolítica

¿Cómo se puede incrementar la fuerza máxima?

La diferencia entre la fuerza máxima voluntaria y la involuntaria es notablemente baja en deportistas de fuerza máxima o de elasticidad, como los atletas, gimnastas o levantadores de peso. Con el correspondiente entrenamiento intensivo, a largo plazo es posible reducir esta diferencia. De esa manera, mejora la coordinación intramuscular y crece la fuerza máxima voluntaria. Esto es importante en caso de que, a causa de un entrenamiento de la fuerza cada vez más intensivo, haya una serie de fibras musculares, hasta ahora improductivas, que por causa del estímulo del entrenamiento deban participar en el movimiento. Este proceso es conocido como de «reclutamiento de fibras musculares»; cooperan en el movimiento y lo estructuran en la misma dirección que la fuerza. Cuanto más intensivo y rápido sean los movimientos en el entrenamiento, más unidades motoras musculares se activarán, con el consiguiente incremento de la fuerza máxima voluntaria.

Por medio de un entrenamiento CI (de coordinación intramuscular) se puede mejorar el reclutamiento de las fibras musculares. Un entrenamiento CI se distingue por una gran intensidad, y se puede conseguir, entre otros, gracias a un peso máximo o a una velocidad de repeticiones extremadamente rápida.

No obstante, el incremento de la fuerza máxima se consigue tanto a través de la mejora de la CI como por el aumento de la masa muscular. En los círculos profesionales este concepto se conoce con el nombre de «hipertrofia». El desarrollo de la masa muscular sucede especialmente a base de intensidades medias y altas, aunque también un esfuerzo global hasta llegar al fallo del músculo puede repercutir favorablemente en el crecimiento muscular. Se deben intentar 2 o 3 repeticiones más allá de los límites del esfuerzo.

Puesto que la coordinación intramuscular ejerce una gran influencia en la fuerza máxima, la capacidad básica influye a su vez en las tres subcategorías. El deportista, tanto en la elasticidad como en la fuerza reactiva y en la de resistencia, debe realizar tantas sesiones como le sea posible a fin de poder aprovechar la máxima capacidad económica de rendimiento.

Fuerza explosiva

La fuerza explosiva se define como la capacidad del sistema neuromuscular de generar el mayor impulso posible durante un tiempo concreto. En el despliegue de la mayor fuerza posible hay otras dos subcategorías, la fuerza de salida y la fuerza explosiva propiamente dicha, que desempeñan un importante papel.

La fuerza de salida se refiere a la potencia con que un músculo puede estar preparado para reaccionar, por ejemplo para contraerse, frente a un impulso. En esta fase del movimiento, que debe durar menos de 50 milisegundos, no sobreviene ningún movimiento visible, sino una rápida tensión muscular previa. Primero se acelera el cuerpo gracias a un incremento explosivo de la fuerza y luego se produce el movimiento. Esta primera fase de aceleración es conocida con el nombre de fuerza explosiva y actúa inmediatamente después del inicio del movimiento.

El rendimiento obtenido de la fuerza explosiva se puede mejorar notablemente a base de entrenamiento con el propio peso corporal. Una forma especial la constituye el denominado «entrenamiento pliométrico». En este caso se consigue la máxima utilización de la fuerza en los saltos, rápidos cambios al punto de inversión del movimiento o tiempos muy breves de contacto.

Un ejercicio de fuerza explosiva.

Según esto, un entrenamiento pliométrico del tren superior puede estar constituido por un fondo en el que el cuerpo ejerce un empuje hacia arriba tan rápido y vigoroso como le sea posible para, al terminar el movimiento ascendente, poder dar una palmada con las manos.

Fuerza reactiva

Es la fuerza que sobreviene en un rápido movimiento excéntrico-concéntrico, es decir, en un breve tiempo de retroceso al final de un movimiento de bajada y al principio de uno de subida. Este proceso se conoce como «ciclo de estiramiento-acortamiento» y se presenta siempre por una rápida reversión de la fuerza en menos de 200 milisegundos. En estos movimientos las cabezas de miosina no tienen tiempo para desprenderse de la actina para comenzar una nueva contracción. Se mantiene pegadas y se estiran por medio de un rápido retorno del movimiento.

Por medio de este corto tiempo de contacto se produce una intensa tensión previa entre músculos y tendones que, gracias a la fuerza tensional liberada, sirve para comenzar el siguiente movimiento.

Se podría comparar con la extensión y el consiguiente aflojamiento de una goma elástica. Los movimientos realizados con la fuerza reactiva se diferencian de los de la fuerza explosiva en que para el desencadenamiento de la fuerza previa de tensión es necesario que primero actúe un movimiento opuesto. Estas fuerzas entran en escena en el entrenamiento con el propio peso corporal, por ejemplo cuando se suceden varios movimientos consecutivos, como en los saltos o en movimientos de balanceo. Dado que los puros ejercicios de fuerza reactiva necesitan de una cierta práctica, no se deberían incluir en el entrenamiento de los principiantes.

Resistencia de fuerza

También denominada fuerza-resistencia, es la capacidad de resistencia frente al cansancio sobrevenido a causa de diversas repeticiones de fuerza mantenidas durante largo tiempo. Para entrenar la resistencia de la fuerza se debe elegir casi siempre una intensidad de tipo medio con largos tiempos de esfuerzo. Por ello, es muy razonable para los principiantes que comiencen con un entrenamiento orientado a la resistencia de la fuerza.

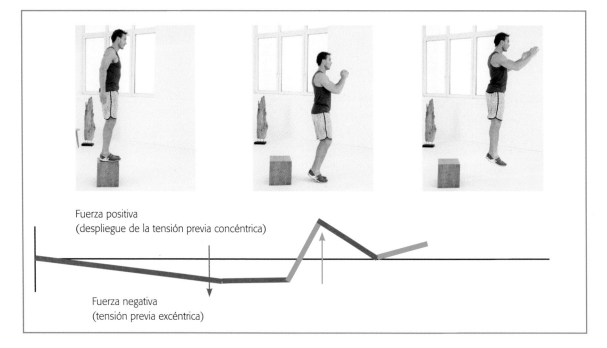

Fuerza positiva
(despliegue de la tensión previa concéntrica)

Fuerza negativa
(tensión previa excéntrica)

Desarrollo típico de la tensión previa en movimientos de fuerza reactiva.

Según su intensidad y duración, también se pueden distinguir varios tipos que dependen de si el rendimiento tiene lugar con suficiente absorción de oxígeno (aeróbica) o con insuficiente absorción de oxígeno (anaeróbica) y si se genera lactato (ácido láctico).

① Anaeróbica-alactácida: el cuerpo trabaja con una elevada intensidad durante un tiempo de esfuerzo de 10 a 30 segundos y por ese motivo necesita principalmente fosfato de creatina (KP). La duración es muy breve, de manera que no necesita nada (o poca cantidad) de oxígeno y genera poco lactato (ejemplo, en el sprint de los 100 m).

② Anaeróbica-lactácida: para elevadas intensidades con una duración de 30 a 60 segundos y provoca una creciente combustión de glucosa (azúcar). Como producto de desecho aparece el lactato, que se hace perceptible por la sensación de ardor en los músculos.

CONSEJO

La resistencia de fuerza puede entrenarse por tanto de forma concéntrica-excéntrica o también isométrica, es decir, en una posición que se mantenga estática. Lo mejor es diseñar un entrenamiento con muchos cambios e incorporar de vez en cuando prácticas de ejercicios mantenidos, como, por ejemplo, una sentadilla o un fondo manteniéndolos todo lo posible en el punto más bajo. Se debe cronometrar el tiempo y observar los avances en el entrenamiento. Eso acarreará tanto una motivación como una sensación de éxito.

③ Aeróbica-glucolítica: este proceso energético solo afecta de forma condicional a la resistencia de la fuerza y se refiere a cargas de baja intensidad mantenidas aproximadamente durante 1 minuto. La energía proviene fundamentalmente del azúcar (glucógeno) almacenado en los tejidos (por ejemplo, en la carrera de 1.000 m).

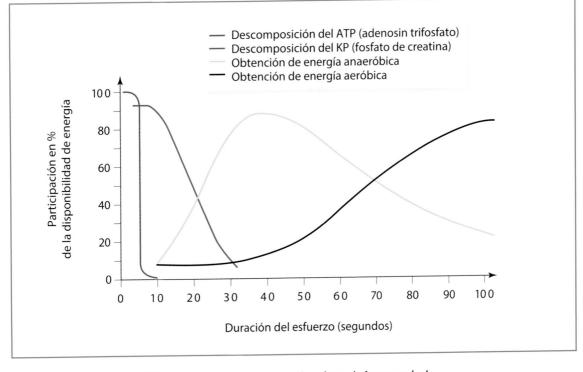

La participación de la disponibilidad de energía en el deporte tiene lugar de forma gradual.

El entrenamiento adecuado para cada persona

Si con el entrenamiento de la fuerza se persiguen exclusivamente objetivos de aspecto estético y visual (por ejemplo, generación de masa muscular, modelado del cuerpo o, sencillamente, el mantenimiento de la salud), el entrenamiento de la resistencia de la fuerza ofrece un sencillo acceso a la práctica del entrenamiento. Aparte de esto, se pueden adaptar los ejercicios a base del incremento de la duración o intensidad del esfuerzo.

Es necesario remarcar que la conformación de un cuerpo coordinado y atlético no solo se consigue acentuando los estímulos de fuerza-resistencia o de hipertrofia, pues el cuerpo ha de cumplir con su cometido a base de algo más que el simbolismo visual. A través de una multitud de distintas posibilidades de movimiento, usos de la fuerza y formas de expresión, el ser humano es capaz de practicar los movimientos más variados, atléticos y estéticos.

Para no desaprovechar este potencial de movimiento, son muy recomendables los estímulos atléticos y coordinativos del entrenamiento que están compuestos por movimientos de fuerza explosiva, fuerza reactiva y resistencia de la fuerza. De acuerdo con la edad, el sexo y el estado de rendimiento de cada participante, se puede favorecer el desarrollo de su capacidad de fuerza. Como orientación pueden servir parámetros de esfuerzo que facilitan una organización más sencilla del contenido del entrenamiento.

¿Qué son los parámetros de esfuerzo?

No todos los objetivos se pueden conseguir con el mismo entrenamiento ni las mismas cargas. Para poder expresar unas claras referencias sobre la organización de los planes de entrenamiento, la ciencia deportiva ha definido los denominados «parámetros de esfuerzo», que se pueden adaptar al grupo y al objetivo perseguido. Sirven como orientación al contenido de las prácticas y ayudan a la organización y ejecución de los movimientos.

Intensidad. Define la cuantía del peso o la velocidad del movimiento con que el atleta debe llevar a cabo sus repeticiones. La intensidad es muy alta cuando hay que levantar un peso máximo o mover con gran velocidad un peso más ligero. Como referencia sirve la carga como valor de la máxima fuerza concéntrica, es decir, la carga que se pueda superar una sola vez. Esta carga es conocida como «1RM» (*one repetition maximum*), es decir, la que permite una sola repetición. Si, por ejemplo, solo se puede levantar una vez un peso de 100 kg, esto corresponderá a una intensidad de casi el cien por cien.

Duración. Corresponde a las repeticiones que se pueden realizar de un ejercicio, lo que equivale a decir cuánto se puede prolongar en el tiempo dicho ejercicio.

Carga
- Volumen
- Duración
- Intensidad
- Frecuencia
- Densidad
- Frecuencia del movimiento

= Factores metódicos de control

Capacidad de rendimiento corporal

Exigencia
- Sistema cardiocirculatorio
- Respiración
- Metabolismo
- Estatus hídrico y electrolítico
- Sistema hormonal
- Sistema inmune
- Sistema nervioso
- Sistema musculoesquelético

= Sistemas funcionales

Volumen. Describe el esfuerzo total realizado. Con la denominación «series» se expresa el número de repeticiones de un ejercicio, o bien de una combinación de ejercicios. Por ejemplo: fondos, 3 series de 20 repeticiones o hasta llegar a una duración de unos 30 segundos.

Pausa. Se refiere al tiempo de descanso entre series o bien a lo largo de toda la sesión de entrenamiento. Si sube la intensidad, debe subir en paralelo el tiempo de las pausas entre las series y entre las sesiones.

La posición correcta del cuerpo

El entrenamiento con el propio peso corporal supone altas exigencias de coordinación intermuscular. Esto implica el trabajo de gran cantidad de músculos distintos que deben actuar conjuntamente para la ejecución del ejercicio. En consecuencia, estos músculos deben ser coordinados para garantizar la correcta posición del cuerpo y con ella una ejecución consciente y saludable del ejercicio. En esos casos, la zona media (*core*) desempeña un papel muy importante.

Core. La fuerza llega del centro

La base para cualquier ejercicio de autocargas debe ser el mantenimiento de una zona media estable; sin embargo, esto no siempre se refiere a una vigorosa musculatura abdominal. Para poder entrenar correctamente y, sobre todo, para tratar con cuidado a la columna vertebral se necesita un tronco estable en el que actúen en conjunto todas las partes de los músculos del abdomen, los glúteos, la espalda y los muslos.

Es frecuente la realización de ejercicios con el propio peso corporal, pero son pocas las veces que se observa una posición correcta. Incluso los más renombrados entrenadores suelen dar escaso valor a la postura adecuada de la columna vertebral y de la pelvis, o bien se muestran inseguros sobre la importancia que asume un *core* sólido. Para los ejercicios de apoyo es necesario poner la atención en bascular la pelvis hacia atrás

(retroversión pélvica) a fin de proteger los discos intervertebrales.

Una reserva de movimiento protege la columna vertebral

A la hora de realizar el entrenamiento, a menudo se da importancia a que la espalda permanezca recta durante este. Pero eso no es suficiente en una sesión intensiva prolongada. Dado que el agotamiento crece a medida que progresa el entrenamiento, también

Un tronco estable es básico para los ejercicios con el propio peso corporal.

disminuye la capacidad de fuerza de la musculatura central, y eso hace que los principiantes no puedan mantener la posición correcta de manera constante. Para prevenir perjuicios en la columna vertebral, siempre se debe constituir la denominada «reserva de movimiento», que se consigue gracias a una pelvis en retroversión y a la creación de una ligera curvatura de la espalda en la columna lumbar. Así se cuenta con margen para un agotamiento creciente y la columna vertebral queda protegida frente a los «encorvamientos». Además, se multiplica la efectividad del entrenamiento, pues son muchos más los músculos que participan en el movimiento. También mejoran singularmente el comportamiento coordinativo y la propia percepción del cuerpo. Dado que la zona media mantiene la tensión durante la ejecución de cada ejercicio, esto representa, por otra parte, una elevada exigencia de nuestro proceso de control.

A través de la firme activación de los músculos del muslo, de los glúteos, de los dorsales y del abdomen con la fijación simultánea de la pelvis, se protege la espalda ante las cargas más intensas.

En el entrenamiento con el propio peso corporal el tronco se debe mantener siempre estable.

Planificación del entrenamiento y conceptos

El entrenamiento con el propio peso corporal se puede estructurar de forma muy variada y pródiga en cambios. Además, permite fijar puntos esenciales que representan un entrenamiento de la fuerza centrado en la musculación o bien uno orientado a la resistencia o a la fuerza-resistencia. También es posible y muy oportuno realizar una combinación de estos métodos.

En los últimos tiempos la ciencia deportiva ha puesto de relieve que, gracias al desarrollo de los músculos o a la conformación de unos músculos más fuertes, así como a la reducción de grasa corporal, resultan más efectivos los esfuerzos cortos y muy intensivos en lugar de las prácticas más prolongadas aunque menos intensas. Se debe tener en cuenta, sin embargo, que los principiantes deben comenzar a practicar lentamente los primeros ejercicios y luego ir aumentando paulatinamente la intensidad. Si el deportista ya se encuentra en un nivel medio, deberá realizar entonces un entrenamiento de elevada intensidad.

En los próximos apartados se presentan algunos métodos de entrenamiento con el propio peso corporal. La elección de los ejercicios de estos métodos puede variar entre los de fuerza y los de resistencia. Sin embargo, el fundamento se asienta, casi siempre, en los clásicos métodos de la fuerza-resistencia.

Para garantizar los resultados, con cada uno de los métodos es necesario alcanzar los límites del rendimiento corporal. Por medio de una carga máxima se activan los procesos metabólicos, y estos, a su vez, aseguran la efectividad de los métodos en el más corto plazo.

Métodos clásicos de la resistencia de la fuerza

Según sea la fijación de objetivos, básicamente hay que distinguir entre las distintas formas de la resistencia de la fuerza. Los métodos más populares describen las formas de intervalos, con unos cortos lapsos de tiempo, que se pueden diferenciar por sus aspectos intensivos y extensivos. Los intervalos extensivos se identifican por una intensidad media del orden del 50%. En cambio, los intervalos intensivos es frecuente que alcancen hasta el máximo de los límites de rendimiento y se ejecuten en un ámbito de la intensidad del 50 al 75%; en este caso, los tiempos de esfuerzo son, por tanto, más cortos que en los ejercicios extensivos.

El entrenamiento clásico de la resistencia de la fuerza puede hacerse en forma de entrenamientos en sesiones o bien como *stationstrainig* en circuito. Un entrenamiento en sesión supone varias series aisladas de determinado ejercicio, que se deben realizar una tras otra con breves pausas intermedias. Según la intensidad y el tiempo de las pausas, puede ocurrir que un determinado grupo muscular se entrene de forma muy intensiva de manera que se llegue al agotamiento máximo y se inicie el correspondiente proceso de adaptación. Si se da más importancia a la combinación de diversos ejercicios y a la generación de forma física para todo el cuerpo, el *stationstrainig* ofrece grandes ventajas. En un circuito se pueden practicar de seis a ocho ejercicios, uno a continuación de otro, a base de hacer varias vueltas.

Los métodos de intervalos descritos en las siguientes tablas se pueden ejecutar en la parte práctica de los ejercicios. Además, en el capítulo «Planes de entrenamiento» aparecen otras propuestas y alternativas de utilización.

Método intensivo de intervalos	
Intensidad	50-75%, movimientos rápidos
Duración	30-45 s (aprox. 20-30 repeticiones)
Pausa	10-30 s entre series
Volumen	6 series por ejercicio

Método extensivo de intervalos	
Intensidad	30-50%, movimientos a buen paso
Duración	60-90 s (aprox. 30-45 repeticiones)
Pausa	10-30 s entre series
Volumen	4-6 series por ejercicio

Los efectos de estos métodos de intervalos son los siguientes:

- Aumento de la tolerancia al lactato: la combustión en la musculatura se mantiene más tiempo.
- Mejora la capacidad de recuperación: el cuerpo se acostumbra al esfuerzo y se regenera a mayor velocidad.
- Mejora el metabolismo lactácido: se amplían los umbrales a los que comienza la formación de lactato.
- Ampliación de los depósitos de glucógeno en los músculos.
- Mejora del trabajo cardíaco.
- Capilarización e incremento de las centrales energéticas celulares (mitocondrias): el músculo dispone, por una parte, de más oxígeno, y puede, por otra, transformar más energía.

HIT (High intensity training)

La idea fundamental del **entrenamiento de alta intensidad (EAI)** representa un entrenamiento muy corto e intenso que supone llegar en el menor tiempo posible al agotamiento total de la musculatura. Es frecuente que se combinen varios ejercicios con breves pausas intermedias.

Comparado con sesiones de entrenamiento más prolongadas, es decir, con más series, el HIT es más eficiente y es el que se propone cuando hay escasez de tiempo. Sin embargo, entre las sesiones se necesitan pausas más prolongadas que pueden llegar hasta los 48 segundos, pues el cuerpo precisa de ese tiempo para el proceso de recuperación muscular.

A TENER EN CUENTA

El HIT debe practicarse cuando ya se posee bastante experiencia en el entrenamiento. El motivo es que al principiante le resulta complicado mantener la posición correcta durante el tiempo completo del esfuerzo. Para los más avanzados, sin embargo, este tipo de entrenamiento representa una buena alternativa para alcanzar una mejor adaptación y unos resultados más rápidos.

Si se practica correctamente, este método puede procurar unos sustanciales progresos. Para eso se supone que el atleta debe ejecutar el entrenamiento hasta llegar al límite de su esfuerzo. Suele bastar con llevar a cabo una sola serie por ejercicio, y eso debe constituir el límite de su rendimiento, o sea, se ha de alcanzar el máximo agotamiento. Para los grandes grupos musculares se deben practicar tres ejercicios por grupo; mientras que para los grupos pequeños basta con poner en práctica uno solo.

Métodos HIT de agotamiento

Para la práctica de un entrenamiento HIT intensivo se ofrecen las siguientes formas especiales de ejercicios en los que la musculatura se carga hasta alcanzar su agotamiento máximo:

Superseries. Dos o tres ejercicios para el mismo grupo muscular o ejecutar respectivamente, uno tras otro y sin pausa, los contrarios (por ejemplo, fondos con apoyo amplio + fondos estrechos + *press* de tríceps: es el denominado *dip*).

Repeticiones parciales. Ante fallos crecientes del músculo, el ejercicio supone continuar manteniendo una postura angular más reducida (por ejemplo, fondos hasta que llegue el fallo → fondos continuados hasta llegar a una flexión de los brazos de solo el 30-50%).

Series negativas. Si durante un ejercicio sobreviene el agotamiento del músculo, el ejercicio se puede seguir ejecutando por medio del componente excéntrico del movimiento (por ejemplo, si no es posible hacer ningún fondo más, el atleta se puede apoyar en las rodillas y seguir ejecutando el ejercicio solo con el movimiento hacia abajo).

Series de reducción. Tan pronto como aparece el agotamiento del músculo, se debe simplificar el ejercicio y practicarlo tantas veces como sea posible (por ejemplo, fondos desde una elevación o con peso suplementario → sin elevación o sin peso suplementario → con las piernas abiertas → sobre las rodillas).

Efectos del entrenamiento

Los efectos de estos métodos de intervalos son los siguientes:

- Aumento de la tolerancia al lactato: la combustión en la musculatura se mantiene más tiempo.
- Mejora la capacidad de recuperación: el cuerpo se acostumbra al esfuerzo y se regenera a mayor velocidad.
- Mejora el metabolismo lactácido: se amplían los umbrales a los que comienza la formación de lactato.
- Ampliación de los depósitos de glucógeno en los músculos.
- Mejora el trabajo cardíaco.
- Capilarización e incremento de las centrales energéticas celulares (mitocondrias): el músculo dispone, por una parte, de más oxígeno, y puede, por otra parte, transformar más energía.

HIIT (High intensity interval training)

Este nombre, **entrenamiento interválico de alta intensidad (EIAI),** ya hace presumir que se trata de alcanzar el máximo agotamiento muscular en cortos intervalos de tiempo. De forma distinta a lo que ocurre con el HIT, aquí se ejecutan varias series y ejercicios para un grupo muscular o para todo el cuerpo. El estímulo del esfuerzo, por lo general, no se concentra solo en determinados grupos musculares, sino que influye también en la resistencia, o sea, en el sistema cardiocirculatorio.

El método HIIT representa, por tanto, una forma especial del entrenamiento de resistencia de la fuerza del que, en sentido estricto, solo se diferencia en los tiempos de esfuerzo (aprox. de 20 a 120 segundos) y los de las pausas (aprox. de 10 a 75 segundos), así como en el número de ejercicios y series. Por término medio, las sesiones de entrenamiento pueden durar, según los objetivos propuestos, entre 4 y 30 minutos. La elevada e intensa densidad del estímulo en estos breves lapsos de tiempo procura una efectiva adaptación muscular y tiende a optimizar el metabolismo energético y lipídico.

En los últimos años se han generado muchos conceptos HIIT que solo cuentan con insignificantes diferencias en sus parámetros de esfuerzo. Uno de los métodos más populares es el denominado *Tabata-training*.

Método Tabata

Esta versión del HIIT procede del médico deportivo japonés Izumi Tabata, y su efectividad fue confirmada por los atletas olímpicos de 1996. Se demostró que la utilización del método en cuanto a los tiempos de esfuerzo y pausa se tradujo de forma muy notable en la capacidad anaeróbica y la resistencia al lactato. Con un esfuerzo practicado durante un breve tiempo se consiguió aumentar rápidamente el nivel de rendimiento. La elevada producción de lactato propiciada por este método influye también en la liberación de hormonas en el organismo, con su consiguiente repercusión positiva sobre los músculos.

Método Tabata	
Intensidad	60-75%, movimientos rápidos
Duración	20 s/serie
Pausa	10 s entre series
Volumen	8 series por ejercicio

Variantes HIIT y posibilidades de organización

Las sesiones de entrenamiento HIIT se pueden organizar de formas muy distintas. Para facilitar el acceso a ellas, en las tablas que siguen se presentan algunas variantes y posibilidades de organización. Estos modelos se pueden llevar a la práctica tanto como entrenamiento de series para cada ejercicio, es decir cada grupo muscular aislado, así como *stationstraining* o entrenamiento en circuito con varios ejercicios ejecutados consecutivamente.

Pirámide de Gärtner

Una variante muy efectiva del HIIT está representada por el entrenamiento en pirámide, que se usa mucho en deportes de lucha, como el boxeo o el Kick Boxing, y que hemos incluido en esta obra dado que se pueden utilizar en los ejercicios con el propio peso corporal. A base de incrementar los tiempos de esfuerzo y pausa en una ejecución de estructura piramidal, se logra una gran diversidad de estímulos físicos. Este continuo cambio de estímulos hace que el cuerpo reaccione con una rápida adaptación.

Modelo de niveles crecientes	
Nivel I	30 s de esfuerzo (aprox. 40%) 40 s de pausa 3 o 4 series por ejercicio 2 o 3 sesiones por semana
Nivel II	30 s de esfuerzo (aprox. 50%) 30 s de pausa 4 a 6 series por ejercicio 3 o 4 sesiones por semana
Nivel III	40 s de esfuerzo (aprox. 40%) 30 s de pausa 4 a 6 series por ejercicio 3 o 4 sesiones por semana
Nivel IV	40 s de esfuerzo (aprox. 70%) 20 s de pausa 6 a 8 series por ejercicio 4 a 6 sesiones por semana

10 s de esfuerzo
10 s de pausa

20 s de esfuerzo
20 s de pausa

30 s de esfuerzo
30 s de pausa

30 s de esfuerzo
30 s de pausa

20 s de esfuerzo
20 s de pausa

10 s de esfuerzo
10 s de pausa

La percepción de los resultados del entrenamiento influye positivamente en las sensaciones vitales.

Entrenar con el propio peso corporal

El cuerpo es el capital de cada individuo y le ofrece innumerables posibilidades y variantes de movimiento para encontrarse en forma. Pero, para conseguirlo, no solo hay que superar los límites de rendimiento personales, sino, además, reestructurar el cuerpo y convertirlo en un instrumento resistente, vigoroso y saludable. Sin embargo, para eso hay que aprovechar todas las situaciones de la vida. Para alcanzar tal objetivo, presentamos en este capítulo una gran variedad de ejercicios con los que entrenar el cuerpo en su totalidad o bien trabajar con grupos musculares aislados.

Ejercicios con el propio peso corporal

En los próximos capítulos se presenta una variedad de ejercicios para realizar con el propio peso corporal. Se presentan divididos en las regiones corporales más significativas, y de ese modo los grupos musculares implicados en los ejercicios principales son más fáciles de identificar mediante los dibujos anatómicos. Para iniciar y ejecutar el entrenamiento y simplificar el estado de rendimiento, también figura una subdivisión en niveles de dificultad. Además, todos los ejercicios están identificados con el tipo de esfuerzo. De esa forma se sabe con toda precisión si se trata de un ejercicio en movimiento, de uno estático o uno de resistencia/cardio en el que se activa la totalidad del cuerpo y se incrementa, consecuentemente, la frecuencia cardíaca.

Grupos musculares requeridos

El capítulo de ejercicios se inicia con las prácticas básicas, explicando la ejecución de los movimientos, las fuentes de fallos y los grupos musculares. Con cada variante de los esquemas de esfuerzo surge otro ejercicio básico en la siguiente forma de realización. Por ejemplo, en el caso de la musculatura de las piernas aparece la clásica sentadilla. Por medio de ella se presentan las características del movimiento y del esfuerzo. Los siguientes ejercicios representan una variante de las Sentadillas. Con la variante del esquema de esfuerzo se presenta el siguiente ejercicio básico que es representado de nuevo en su más amplio detalle. En este caso se habla de la sentadilla a una pierna. En ella, además de una descripción del movimiento, tiene lugar la representación del grupo muscular requerido. En todos los movimientos se marcan en color los grupos musculares implicados, los principales y los auxiliares.

Grupos musculares principales
Grupos musculares auxiliares

Tipificación según las formas de movimiento

En el entrenamiento con el propio peso corporal se puede distinguir fundamentalmente entre los ejercicios de empuje y los de tracción. Sin embargo, existen combinaciones de los mismos caracterizadas como ejercicios de elevación o de mantenimiento estático.

Ejercicios de empuje

En ellos la extensión de los brazos o piernas debe superar la gravedad. Estos ejercicios aparecen, por ejemplo, en los fondos, en el apoyo en los hombros o bien haciendo el pino, aunque también en las sentadillas. Se trata siempre de empujar el cuerpo hacia arriba contra la atracción terrestre. Esto se consigue gracias a los típicos «músculos extensores», cuya contracción sirve para extender una articulación.

Ejercicios de tracción

En ellos se debe superar la acción de la gravedad a base de la flexión de los brazos o piernas.

Aquí, la mayoría de las veces la persona que lo realiza se encuentra en una posición colgada o bien con la espalda pegada al suelo. Un ejemplo típico lo constituyen las dominadas o el puente de los femorales (bíceps de las piernas), en los que el atleta está tumbado de espaldas en el suelo, coloca los pies en una elevación y trata de levantar su cuerpo flexionando las rodillas. Los músculos flexores son en este caso los antagonistas, es decir, los contrarios directos a los extensores.

Ejercicios de elevación y mantenimiento estático

En esta categoría se incluye una combinación de los dos tipos anteriores de ejercicios. A causa de su ejecución y de los grupos musculares implicados, no siempre se puede incluir un ejercicio de forma indudable en una de las dos categorías. Es precisamente el entrenamiento del *core*, es decir, de la musculatura abdominal y del tronco, lo que hace algo complicada esta diferenciación. Los ejemplos típicos son los *crunchs*; es decir, los abdominales, ejercicios de elevación de las piernas o el cuerpo, ya sea tumbado boca abajo o de espaldas, y otros similares en los que no se mueve el cuerpo completo sino solamente las extremidades por separado.

Distribución en regiones del cuerpo

Para asignar al ejercicio la región corporal en que actúa hay que observar la acción muscular conjunta, pues en la ejecución de cada ejercicio participan distintos grupos musculares tanto principales como auxiliares. Si bien la variación del ángulo o de la posición en favor o en contra de uno de los grupos musculares implicados puede cambiar el enfoque de estos músculos, lo cierto es que ese foco no se puede desconectar al completo. Un ejemplo está en los músculos de la región pectoral que se entrenan, por ejemplo, en los fondos. En ellos el tríceps y los hombros tienen una singular participación en el movimiento, y eso hace que estos grupos musculares se reúnan en un solo capítulo. Finalmente, estos tres grupos intervienen en conjunto en casi cualquier ejercicio de empuje.

Niveles de dificultad

Cada ejercicio tiene además asignados tres niveles de dificultad, con los que se goza de la posibilidad de irse acostumbrando paulatinamente al esfuerzo e irlo incrementando a largo plazo. Además, existen múltiples variantes de cada práctica, lo que otorga una gran diversidad al entrenamiento.

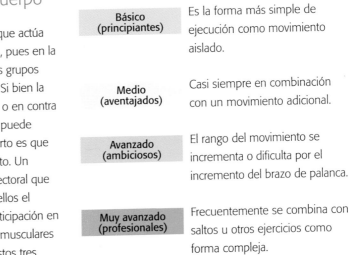

Básico (principiantes)	Es la forma más simple de ejecución como movimiento aislado.
Medio (aventajados)	Casi siempre en combinación con un movimiento adicional.
Avanzado (ambiciosos)	El rango del movimiento se incrementa o dificulta por el incremento del brazo de palanca.
Muy avanzado (profesionales)	Frecuentemente se combina con saltos u otros ejercicios como forma compleja.

Piernas y glúteos	Core (tronco y estómago)	Pecho hombros y tríceps	Espalda y bíceps	Cuerpo completo (combinaciones)

Cada ejercicio está distribuido ordenadamente en regiones corporales. La clasificación de una determinada región resulta de los músculos principales implicados. Sin embargo, también pueden ser mencionados otros grupos musculares auxiliares que intervienen en el movimiento.

Representación de los ejercicios

Nuestro cuerpo nos permite numerosas posibilidades de ejercicios con diversas variantes. Para entender de forma sencilla y rápida cada uno de ellos, hemos creado una representación simbólica descriptiva de su forma de ejecución.

↕ Concéntrico-excéntrico

Designa la forma habitual de ejecución en movimientos hacia arriba y hacia abajo.

▬ Isométrico

Algunos ejercicios incluyen un componente estático en el que basta con mantener sencillamente la posición.

⚡ Pliométrico

Esta forma de ejecución requiere unos movimientos explosivos y tan rápidos como sea posible, caracterizados casi siempre por saltos o por partes de saltos.

♥ Cardio

Cuando el ejercicio no está enfocado hacia el fortalecimiento, sino a mejorar la resistencia, se le identifica con el término «cardio».

Incremento de intensidad mediante apoyos inestables

En las siguientes páginas se presentan los ejercicios en su forma de realización más simple, que son los recomendados a los principiantes, para, al cabo de 4 a 6 sesiones de entrenamiento, irlas intensificando paulatinamente. A los avanzados que han alcanzado un alto nivel de rendimiento, incluso las formas de trabajo más complicadas les pueden resultar poco estimulantes. Por este motivo se sugiere incrementar la intensidad a base de apoyos blandos o inestables. De esa forma, aumentará el efecto coordinativo y se involucrarán más grupos musculares. En la ciencia del deporte la compensación del peso corporal y el continuo establecimiento del equilibrio natural se conocen como «propiocepción». Unos pequeños receptores miden permanentemente las variaciones de tensión en los músculos y envían estímulos al sistema nervioso central, en especial de las capas musculares afectadas más profundas. Cuanto más inestable y resbaladizo sea un apoyo, más elevadas serán las exigencias en nuestros «propioceptores» como instrumentos de medida de los músculos.

COMENTARIO

Para incrementar la intensidad, se debe proceder de forma muy lenta. Lo más razonable es atenerse al principio de ir «de lo básico a lo complicado»:
→ de suelos duros a moquetas delgadas o colchonetas de gimnasia.
→ de colchonetas de gimnasia a alfombras gruesas o esteras enrolladas.

Una moqueta blanda o una colchoneta de gimnasia, que también se puede utilizar enrollada, sirven para aumentar el reto e implicar en el ejercicio a varios grupos musculares.

Incremento de intensidad mediante superficies resbaladizas

Otra posibilidad de aumentar la resistencia o la variedad de los ejercicios se basa en el entrenamiento sobre superficies resbaladizas. De esa manera el cuerpo debe estar estabilizando continuamente su posición, y eso, unido a los grupos musculares principales que participan en el movimiento, hace que también los antagonistas sean requeridos constantemente. En casi todas las ocasiones, durante la ejecución global del ejercicio esos músculos deben mantenerse isométricamente tensos a fin de impedir los resbalones. Este tipo de entrenamiento es, por tanto, muy efectivo para regular las altas exigencias en la coordinación intermuscular e intramuscular.

Basta con ponerse debajo una toalla, una manta o ejecutar el entrenamiento usando unos calcetines resbaladizos sobre un suelo de madera o baldosines para alcanzar este tipo de incremento de la intensidad.

¡ATENCIÓN!

Este tipo de entrenamiento no debe hacerse en los ejercicios con saltos: hay gran peligro de lesiones causadas por resbalones incontrolados.

En las sentadillas o en todos los ejercicios de apoyo hay que hacer, de forma especial, un uso razonable del entrenamiento en superficie deslizante.

Posturas básicas y posiciones de partida

Casi todos los ejercicios con autocargas comienzan en posiciones fijas y siempre repetidas. Representan las posturas básicas de los ejercicios correspondientes a partir de las que, acto seguido, se inicia el movimiento. Para facilitar la ejecución de los ejercicios, describimos brevemente las principales posturas. La denominación de los ejercicios está orientada a la forma que se definen, de forma homogénea en la ciencia deportiva, las correspondientes posiciones.

Postura

Es la colocación que adopta el cuerpo sobre el suelo, junto a un compañero o sobre un aparato auxiliar. No se trata, pues, de un movimiento, sino de una posición estática. Con su exacta definición se adoptará una postura para comenzar el ejercicio.

Boca abajo

Con el abdomen, es decir, la parte delantera del cuerpo, dirigida hacia el suelo.

De espaldas

Con la espalda dirigida hacia el suelo.

Lateral/oblicuo

Con un lado del cuerpo, es decir un flanco, dirigido hacia el suelo.

Dirección del movimiento

La dirección del movimiento describe el componente dinámico de un ejercicio. Tan pronto como un cuerpo se desplaza, adopta una determinada dirección. La dirección de un movimiento se puede simbolizar de la siguiente manera:

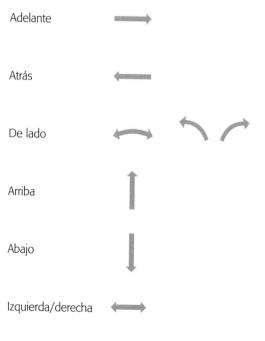

Adelante

Atrás

De lado

Arriba

Abajo

Izquierda/derecha

Posiciones

Para una precisa definición de la posición y la dirección de un movimiento, existen unas situaciones de partida típicas que representan la posición inicial de un ejercicio con autocargas. Con los siguientes ejemplos se representan las principales posiciones de salida. De esa forma resulta más fácil la descripción de los ejercicios al disponer tanto de la posición de salida como de la dirección del movimiento.

Fondo boca abajo

Apoyo lateral sobre antebrazo

Fondo de espaldas

Postura de banco/en 4 apoyos

Fondo lateral

Posición en cuclillas

Apoyo prono sobre antebrazos

Sentado de rodillas

Tren inferior: muslos-glúteos-pantorrillas

Anatomía

La musculatura de las piernas y los glúteos está integrada por una gran cantidad de músculos y grupos musculares que entran en acción conjunta como sinérgicos en la mayoría de los movimientos de flexión, ya sea caminar, correr, ponerse en cuclillas o saltar. El fémur sirve como punto de partida e inserción para una serie muy completa de músculos. La gran masa muscular de las piernas constituye la musculatura crural, que puede participar en forma de extensores, flexores y aductores. Otro gran grupo muscular es el de la musculatura glútea, que posibilita sobre todo la abducción de las piernas hacia atrás y hacia fuera, así como la apertura de las articulaciones de la cadera. Una parte más pequeña la forma la musculatura de las extremidades inferiores, a la que pertenecen las pantorrillas.

En total se puede clasificar la musculatura de las piernas en cinco regiones principales:

- Extensor de la pierna / parte anterior (M. cuádriceps crural)
- Flexor de la pierna / parte posterior (grupo isquiosural)
- Tensor de la pierna / parte interna (grupo de los aductores)
- Musculatura de las nalgas / glúteo (grupo *glutaeus*)
- Musculatura de la pantorrilla / pierna (M. sóleo, M. gemelos, M. tibial anterior)

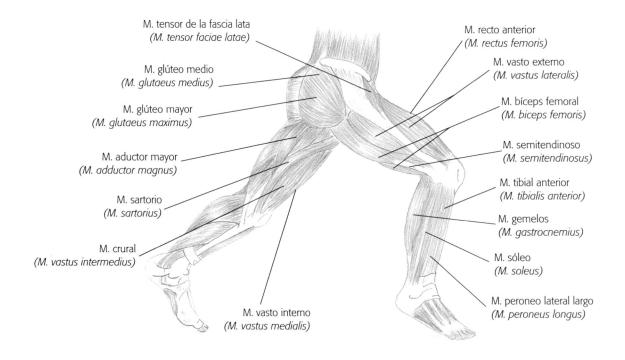

M. tensor de la fascia lata
(*M. tensor faciae latae*)

M. glúteo medio
(*M. glutaeus medius*)

M. glúteo mayor
(*M. glutaeus maximus*)

M. aductor mayor
(*M. adductor magnus*)

M. sartorio
(*M. sartorius*)

M. crural
(*M. vastus intermedius*)

M. vasto interno
(*M. vastus medialis*)

M. recto anterior
(*M. rectus femoris*)

M. vasto externo
(*M. vastus lateralis*)

M. bíceps femoral
(*M. biceps femoris*)

M. semitendinoso
(*M. semitendinosus*)

M. tibial anterior
(*M. tibialis anterior*)

M. gemelos
(*M. gastrocnemius*)

M. sóleo
(*M. soleus*)

M. peroneo lateral largo
(*M. peroneus longus*)

Imagen anatómica de la musculatura de las piernas y los glúteos.

Ejercicios y grupos musculares

Podemos entrenar la musculatura de las piernas y las nalgas con una gran variedad de ejercicios. El más elemental de ellos, referido a las piernas, es la sentadilla (*squat* en inglés), en el que participan casi todos los grupos musculares de las piernas. Según sea la variante y la forma de ejecución, con la sentadilla también se puede hacer hincapié e implicar a unas determinadas regiones musculares seleccionadas. Además, existen muchas variantes enfocadas a otros puntos esenciales.

En las siguientes páginas presentamos una gran selección de ejercicios para piernas y glúteos, que se practican a base de autocargas. Todos identificados con la nomenclatura «I» (Tren inferior). El ejercicio básico se presenta de forma precisa y está descrito al comienzo del capítulo del ejercicio. Además, aparecen comentarios, así como el detalle de los grupos musculares involucrados en el mismo. También se incluyen las indicaciones de los errores en la ejecución, que hay que evitar, y los peligros que conllevan.

Clasificación de los ejercicios

El capítulo «Tren inferior» contiene gran cantidad de ejercicios y variantes que se pueden clasificar en los siguientes subgrupos:

I: Muslos. Extensor y flexor (M. cuádriceps crural e isquiosurales)

II: Glúteos. M. glúteos mayor, medio y menor

III: Aductores y caderas. Tensor de la pierna (M. aductor mediano, mayor, menor, y M. psoasilíaco, M. tensor de la fascia lata)

IV: Pantorrillas. M. gemelos y M. sóleo

COMENTARIO PARA EL ENTRENAMIENTO DE LAS PIERNAS

Básicamente, en cualquier ejercicio para las piernas, ya sea para una o para ambas, hay que tener en cuenta que en la posición final las rodillas no se encajen o bloqueen de forma violenta, y para eso hay que controlar cada una de las fases del movimiento. Las piernas deben quedar paralelas y hay que impedir posiciones de piernas en «X» o en «( )». La práctica del entrenamiento delante de un espejo resulta muy útil para comprobar la postura de las piernas y la posición del tren superior. Unas pequeñas alzas bajo los talones servirán de ayuda en el caso de tener acortados los tendones de Aquiles.

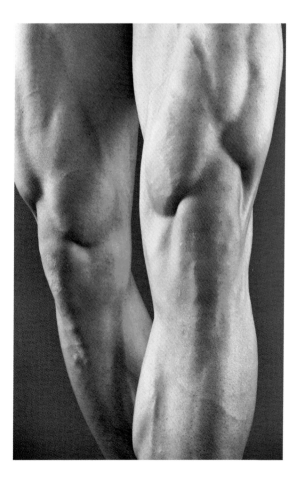

I 1: Sentadilla

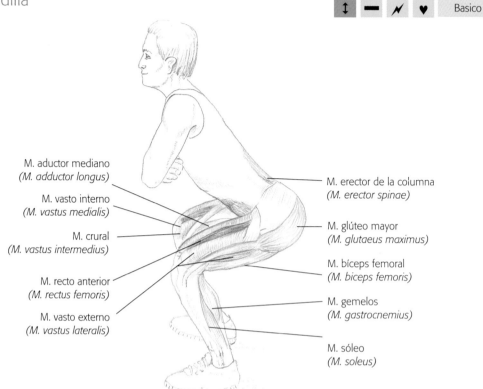

M. aductor mediano
(*M. adductor longus*)

M. vasto interno
(*M. vastus medialis*)

M. crural
(*M. vastus intermedius*)

M. recto anterior
(*M. rectus femoris*)

M. vasto externo
(*M. vastus lateralis*)

M. erector de la columna
(*M. erector spinae*)

M. glúteo mayor
(*M. glutaeus maximus*)

M. bíceps femoral
(*M. biceps femoris*)

M. gemelos
(*M. gastrocnemius*)

M. sóleo
(*M. soleus*)

Basico

La clásica Sentadilla es un ejercicio aparentemente sencillo. A pesar de todo, exige unas condiciones previas para desarrollar correctamente el movimiento. Hay que contar con una cierta flexibilidad en los tobillos, las caderas y el tronco para que se produzcan movimientos compensatorios. El *squat,* que es como se denomina la Sentadilla en el ámbito angloparlante, es el ejercicio básico más importante para las extremidades inferiores y no debe faltar en ningún entrenamiento de las piernas. Gracias a la compleja acción conjunta de casi todos los músculos de la zona, este ejercicio es uno de los más efectivos. Además, existe la posibilidad de variarlo modificando el ángulo de posición de las caderas y las piernas.

Grupos musculares implicados

Agonistas primarios: Extensor de la pierna (M. recto anterior, M. vasto externo, M. vasto interno), M. glúteo mayor.

Agonistas secundarios: Flexor de la pierna (M. bíceps femoral, M. semitendinoso, M. semimembranoso), tensor de la pierna (M. aductor mayor, mediano y menor), extensor de la espalda (M. erector de la columna), musculatura de la pantorrilla (M. gemelos, M. sóleo), músculos abdominales (M. recto abdominal).

Según la forma de ejecución y la separación de las piernas, las Sentadillas también exigen la participación consciente de otros músculos. Se explicará en las páginas siguientes.

Ejecución

Separar los pies a la anchura de los hombros o un poco más. Hacer que el centro de gravedad del cuerpo caiga sobre el conjunto de las plantas de los pies, con ligera tendencia a los talones.

El movimiento hacia abajo (excéntrico) se debe provocar por medio de los glúteos y realizarlo lo más hacia atrás que se pueda, la columna lumbar se encorvará en una lordosis natural y se estabilizará gracias a la vigorosa activación del tronco.

Flexionar las rodillas hasta los 90°, aunque esta flexión también se puede incrementar (80-70°).

Obligar durante el movimiento a que las rótulas estén siempre en línea con las puntas de los dedos gordos del pie y que las piernas se mantengan paralelas.

Prestar atención, durante el movimiento de elevación (concéntrico), a que el cuerpo se mantenga en línea recta hacia arriba durante la extensión. Evitar la sobretensión o un enérgico bloqueo de las rodillas al final del movimiento. Mantener la activación del abdomen durante todo el ejercicio.

Fuentes de fallos

Hay que preocuparse de mantener recta la columna vertebral y de conservar una lordosis (encorvamiento hacia dentro) natural en la zona lumbar, para, de esa forma, evitar las piernas en «( )» o en «X». Lo mejor es, al principio, controlar la posición delante de un espejo.

Durante el movimiento, el eje de los hombros debe encontrarse siempre a plomada con los pies, y el peso corporal recaer sobre la planta de estos, con una cierta tendencia hacia los talones.

Evitar que los talones se eleven del suelo durante el movimiento hacia abajo y que se flexionen los pies.

Dirigir hacia atrás el centro de gravedad de todo el peso corporal cuidando de que las rodillas no se desvíen hacia delante sino que siempre queden justo en la vertical de la punta de los dedos gordos del pie.

I 2: Sentadilla con elevación de talones

 Básico

1 + 2 Ejecutar una Sentadilla normal y levantar los talones al final del movimiento. Para acabar, desplazar el peso del cuerpo sobre el antepié y tensar toda la musculatura de la pierna y el muslo. De esa forma se incrementa la activación de la pantorrilla.

Consejo: Se puede aumentar la intensidad en lugar de levantando los talones, practicando un salto vertical erguido. Para eso se debe presionar firmemente contra el suelo y luego aterrizar suavemente sin dejar que se flexionen las rodillas.

Grupos musculares secundarios que se activan

Pantorrilla (M. sóleo, M. gemelos)

I 3: Sentadilla con salto plegado

↕ — ⚡ ♥   Medio

3 + 4 En este tipo de Sentadilla, al final del movimiento hacia arriba hay que ejecutar un salto en cuclillas de forma que las rodillas se eleven hacia el tronco.
El movimiento hacia arriba debe ser lo más ágil y explosivo que se pueda. Para mantener la concentración de esta ejecución, tras la presión de las piernas se puede permanecer estático 2 o 3 segundos en la posición más baja antes de presionar y realizar el salto en cuclillas.

Como alternativa, para facilitar un poco la ejecución del ejercicio, se puede hacer que los talones se levanten hacia los glúteos, de esa forma el ángulo tronco-caderas no resultará tan extremo en la posición de cuclillas.

Grupos musculares secundarios que se activan

Pantorrilla (M. psoasilíaco) y cadena muscular abdominal inferior.

I 4: Sentadilla en cajón

↕ ▬ ⟋ ♥   Básico

5 + 6 Esta forma de ejecutar la Sentadilla se diferencia de la normal en que hay que mantener el tren superior algo más erguido, pues el breve tope de un soporte (silla, banco, etc.) da lugar a un alivio de la carga en el tren superior. Esta ejecución es muy adecuada, sobre todo, para deportistas sin experiencia, pues gracias a la superficie de asiento el movimiento es más sencillo de llevar a la práctica que en el caso de una flexión libre de rodillas. El incremento o la disminución de esa superficie puede aumentar o reducir intensidad.

Se debe vigilar que la columna vertebral se mantenga erguida. Tanto en el movimiento hacia abajo como en el ascendente se puede tender a la formación de una cierta curvatura de la espalda. Basta con empujar ligeramente la columna lumbar hacia delante para conseguir una reserva natural de movimiento.

I 5: Sentadilla en cajón con salto

↕ ▬ ⟋ ♥   Medio

7 + 8 Durante el movimiento hacia arriba en una Sentadilla en cajón, hay que dar un salto en extensión lo más alto y ágil que sea posible. Flexionar ligeramente las rodillas en el aterrizaje y convertirlo de inmediato en el movimiento excéntrico de la Sentadilla, de forma que el ejercicio transcurra de una forma muy fluida. Durante el movimiento, el eje de los hombros debe caer siempre en la perpendicular de los pies y el peso del cuerpo ha de recaer sobre la planta de estos, con una cierta tendencia en dirección a los talones.

Como alternativa, este ejercicio se puede practicar en un primer momento sin salto y, en su lugar, al final del movimiento elevar los talones. El nivel más complicado surge de la combinación con un salto en cuclillas (*tuck jump*) a base de una presión explosiva en el movimiento hacia arriba.

I 6: Sentadilla de Sumo

Básico

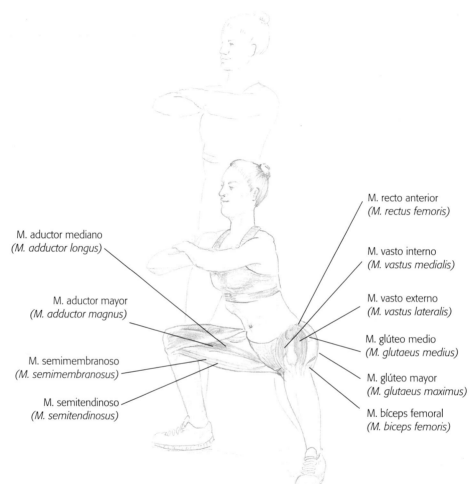

M. aductor mediano
(*M. adductor longus*)

M. aductor mayor
(*M. adductor magnus*)

M. semimembranoso
(*M. semimembranosus*)

M. semitendinoso
(*M. semitendinosus*)

M. recto anterior
(*M. rectus femoris*)

M. vasto interno
(*M. vastus medialis*)

M. vasto externo
(*M. vastus lateralis*)

M. glúteo medio
(*M. glutaeus medius*)

M. glúteo mayor
(*M. glutaeus maximus*)

M. bíceps femoral
(*M. biceps femoris*)

La forma de ejecución de la Sentadilla de Sumo se caracteriza por una separación amplia de las piernas. Para poder ejecutar correctamente este ejercicio, se necesita un cierto grado de movilidad de los aductores (parte interna de las piernas), ya que, de lo contrario, al hacer la flexión de las piernas, las rodillas pueden girar hacia dentro provocándose una posición de piernas en «X», circunstancia que siempre se debe evitar. Si existe una disminución de la movilidad, esta posición también se puede adoptar con las piernas algo menos abiertas. Siempre hay que tener en cuenta que las puntas de las rodillas queden justo en la vertical de los extremos de los dedos gordos del pie.

Grupos musculares implicados

Agonistas primarios: Extensor de la pierna (M. recto anterior, M. vasto externo, M. vasto interno, M. crural)

Agonistas secundarios: Musculatura glútea (M. glúteo mayor, medio y menor), flexor de la pierna (M. bíceps femoral, M. semitendinoso, M. semimembranoso), tensor de la pierna (M. aductor mayor, mediano y menor).

Ejecución

Separar los pies al doble de la anchura de los hombros o un poco más. Hacer que el centro de gravedad del cuerpo recaiga sobre las plantas de los pies, con ligera tendencia a los talones. Orientar las puntas de los pies hacia el exterior en un ángulo de 45°, con las piernas convenientemente abiertas, de forma que en la flexión de las rodillas siempre queden justo en la vertical de la punta de los dedos gordos de los pies.

El movimiento hacia abajo (excéntrico) se debe provocar por medio de los glúteos y realizarlo con una ligera tendencia hacia atrás. La columna lumbar se encorvará en una lordosis natural y se estabilizará gracias a la vigorosa tensión del tronco.

Flexionar las rodillas hasta los 90°. Las posiciones más bajas solo son recomendables con ciertas condicionantes, pues son muy exigentes con la movilidad del deportista. Mantener lo más erguido posible el tronco y no permitir que este se incline hacia delante.

Prestar atención, durante el movimiento de elevación (concéntrico), a que el cuerpo se mantenga en línea recta hacia arriba durante la extensión.

Fuentes de fallos

Hay que preocuparse de mantener recta la columna vertebral y de conservar una lordosis (encorvamiento hacia dentro) natural en la zona lumbar.

Si la movilidad de los aductores no permite una posición hacia fuera de las piernas suficiente, se deberá adoptar una posición más estrecha. De esa forma se evitará una posición de piernas en «X», es decir, que las rodillas se hundan hacia el interior («síndrome de las velas quemadas»).

En el punto más bajo de la flexión de piernas, las rodillas siempre se deben mantener hacia atrás, es decir, en la vertical de la punta de los dedos gordos de los pies. Es frecuente que las rodillas se desplacen de esa línea buscando una posición más estrecha de las piernas. Eso provoca una intensificación del esfuerzo sobre dichas articulaciones.

Hay que tener en cuenta que, durante todo el movimiento, el centro de gravedad del peso corporal debe mantenerse bien centrado, sin inclinar el tronco, y que ambas piernas queden cargadas de forma simultánea.

Intentar mantener erguido el tronco. Evitar la curvatura de la espalda, a causa de la creciente flexión de las piernas, para que no se produzca un importante vuelco hacia delante del tren superior.

I 7: Sentadilla de Sumo con elevación de talones

↕ ▬ ⁄ ♥ Medio

1 Adoptar la posición de flexión de una Sentadilla de Sumo y mantenerla estática en el punto más profundo, las rodillas deben estar flexionadas a 90°. Bajar y subir ahora los talones manteniendo invariable la posición de flexión.

Consejo: Como variante, en lugar de la posición estática se puede ejecutar una Sentadilla de Sumo dinámica, solo que al final del movimiento de subida se puede desplazar el peso del cuerpo sobre el antepié y levantar los talones.

Grupos musculares secundarios que se activan

Pantorrilla (M. sóleo, M. gemelos)

I 8: Sentadilla de Sumo con salto de Ninja

↕ ▬ ⁄ ♥ Avanzado

2 + 3 Durante el movimiento hacia arriba, dar un salto en extensión lo más alto y ágil que se pueda y en el punto más elevado flexionar las piernas de forma explosiva. Acercar ligeramente los talones hacia los glúteos y llevar las rodillas lateralmente hacia arriba y hacia fuera.

Como alternativa, en lugar de un salto de ninja se puede ejecutar un sencillo salto en extensión o salto en cuclillas.

Grupos musculares secundarios que se activan

Flexor de la cadera (M. psoasilíaco), cadena muscular abdominal inferior.

I 9: Combinación de Sentadilla y Sentadilla de Sumo con salto

Avanzado

Otra variante de la Sentadilla consiste en la combinación de los dos ejercicios básicos, la Sentadilla y la Sentadilla de Sumo. La intensidad de esta variante dinámica se incrementa mediante las proyecciones de cambios rápidos.

4 - 6 Colocarse en la posición de comienzo de una Sentadilla, flexionar las piernas en cuclillas y saltar como en el movimiento hacia arriba en la posición de comienzo de una Sentadilla de Sumo. Debido al continuo cambio de apoyo, los músculos trabajarán de una forma intensiva. Además, esta rápida y compleja combinación implica también al sistema cardiocirculatorio.

Consejo: Para incrementar aún más la intensidad, hay que intentar, durante los cambios, mantener el tren superior en la posición más profunda posible. Para eso hay que implicar a las piernas a base de incrementar su permanente posición flexionada. Como alternativa, en cada cambio se puede ejecutar también un salto en cuclillas en el que durante el movimiento hacia arriba se salte tanto como sea posible, con lo que habrá que tirar de las rodillas hacia el cuerpo.

Consejo para profesionales: Si deseamos sentirnos como un profesional, basta con añadir un salto en cuclillas con cada sentadilla. De esa manera se incrementa aún más la intensidad.

I 10: Sentadilla en pared

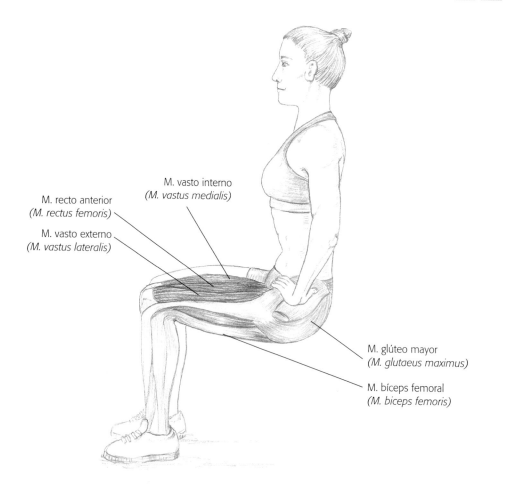

M. recto anterior
(M. rectus femoris)

M. vasto externo
(M. vastus lateralis)

M. vasto interno
(M. vastus medialis)

M. glúteo mayor
(M. glutaeus maximus)

M. bíceps femoral
(M. biceps femoris)

Es una sencilla práctica que imita la posición de sentarse erguido sobre una silla imaginaria. En lugar de sentarse realmente sobre un soporte, se debe mantener el peso del cuerpo por medio de la tensión de la musculatura.

Se trata de un ejercicio especialmente adecuado para principiantes sin experiencia. En su forma más simple, solo hay que mantener la posición estáticamente. Se puede cambiar la dificultad modificando el ángulo de las rodillas; la mayor exigencia se consigue con un ángulo de 90° en estas.

Grupos musculares implicados

Agonistas primarios: Extensor de la pierna (M. recto anterior, M. vasto externo, M. vasto interno)

Agonistas secundarios: Musculatura glútea (M. glúteo medio y menor), flexor de la pierna (M. bíceps femoral, M. semitendinoso, M. semimembranoso), tensor de la pierna (M. aductor mayor, mediano y menor).

Ejecución

Colocarse de espaldas a la pared, a un paso de distancia de la misma.

Ahora dejarse caer hacia atrás de forma lenta y controlada hasta que toda la espalda entre en contacto con la pared. A continuación, flexionar ambas piernas y adoptar la posición en cuclillas.

Hay que elegir la distancia a la pared de forma que, al final del movimiento, los muslos queden paralelos y las piernas en ángulo recto con el suelo. Las rodillas deben quedar flexionadas a 90° y nunca deben sobrepasar la línea de las puntas de los pies. En caso de que esta forma de ejecución resulte demasiado complicada, se puede incrementar el ángulo de las rodillas de forma que el cuerpo se desplace un poco hacia arriba.

Mantener la tensión de las piernas y obligar a que tanto las caderas como la parte superior e inferior de la espalda se mantengan firmes contra la pared.

Fuentes de fallos

Hay que tener en cuenta que las rodillas deben mantenerse por detrás de las puntas de los pies.

Se debe evitar la posición de piernas en «X» a base de que las rodillas siempre se mantengan en línea con los pies y no se desalineen hacia el interior.

Las piernas y los muslos deben conservar entre sí un ángulo de 90°.

En caso de que el ejercicio resulte demasiado complicado, no se deben apoyar las manos en las rodillas, sino disminuir la intensidad a fin de reducir la flexión de las piernas y dejar que el cuerpo se desplace un poco hacia arriba.

Toda la espalda debe mantenerse apoyada en la pared, incluyendo la pelvis y la parte superior e inferior de la espalda.

I 11: Sentadilla en pared con levantamiento de talones

↕ ━ ✎ ♥   Medio

1 Hacer una Sentadilla en Pared y levantar los talones al final del movimiento. Para eso se puede elegir entre la ejecución isométrica (mantenimiento estático) y la concéntrica-excéntrica (arriba y abajo). Otra posibilidad es la combinación de ambas formas en la que, por ejemplo, los talones suben y bajan cuatro veces y, a continuación, se mantienen elevados estáticamente de 5 a 10 segundos.

Grupos musculares secundarios que se activan

Pantorrilla (M. sóleo, M. gemelos)

I 12: Marcha en posición de sentadilla en pared

↕ ━ ✎ ♥   Avanzado

2 Adoptar la posición final de una Sentadilla en Pared y luego desplazar el peso del cuerpo sobre una de las piernas. Levantar hacia arriba la pierna descargada. Para este ejercicio se puede elegir entre la ejecución isométrica (mantenimiento estático) o de cambio continuo entre ambas piernas.

Grupos musculares secundarios que se activan

Flexor de la cadera (M. psoasilíaco), cadena muscular abdominal inferior.

Como alternativa, y para incrementar la intensidad, este ejercicio también se puede ejecutar con levantamiento del talón de la pierna de apoyo.

I 13: Zancada estática

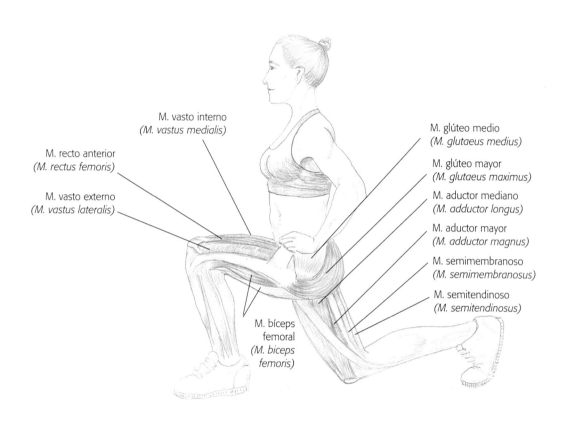

M. vasto interno
(*M. vastus medialis*)

M. recto anterior
(*M. rectus femoris*)

M. vasto externo
(*M. vastus lateralis*)

M. bíceps
femoral
(*M. bíceps
femoris*)

M. glúteo medio
(*M. glutaeus medius*)

M. glúteo mayor
(*M. glutaeus maximus*)

M. aductor mediano
(*M. adductor longus*)

M. aductor mayor
(*M. adductor magnus*)

M. semimembranoso
(*M. semimembranosus*)

M. semitendinoso
(*M. semitendinosus*)

Para la ejecución de este ejercicio se necesita disponer de un buen sentido del equilibrio. Ese equilibrado del centro de gravedad es muy exigente para la musculatura de las caderas y las piernas. Además, se precisa de una buena sensibilidad corporal para apreciar la correcta posición de las extremidades y poder ejecutar el movimiento de manera ágil. Por esta causa, los principiantes no deben llegar hasta la posición final del ejercicio, sino limitarse a tomar contacto con él hasta la mitad de su rango antes de ejecutarlo en toda su plenitud.

Existe un número casi ilimitado de variaciones de la Zancada, por lo que en las próximas páginas solo presentaremos las más importantes.

Grupos musculares implicados

Agonistas primarios: Extensor de la pierna (M. recto anterior, M. vasto externo, M. vasto interno, M. crural), M. glúteo mayor.

Agonistas secundarios: Flexor de la pierna (M. bíceps femoral, M. semitendinoso, M. semimembranoso), tensor de la pierna (M. aductor mayor, mediano y menor), musculatura glútea (M. glúteo medio y menor).

Según sea la forma de ejecución y la longitud de la zancada, se puede variar el centro de gravedad y la participación de los agonistas primarios.

Ejecución

La posición de comienzo de este ejercicio supone dar una amplia zancada. Encontrar la distancia adecuada significa adaptarse a la longitud individual del paso de deportista. A partir de la postura de pie, hay que dar un gran paso hacia delante.

El pie adelantado mantiene la planta en pleno contacto con el suelo, mientras que el pie retrasado levanta un poco el talón de forma que sea el antepié el que toque el suelo.

Obligar a que el peso corporal se distribuya equilibrado entre ambas piernas y el cuerpo se mantenga exactamente en el centro.

Flexionar ahora ambas piernas y bajar con control el cuerpo en línea recta hacia abajo. Al mismo tiempo, la rodilla adelantada siempre debe quedar por detrás de la punta del pie correspondiente. Ejecutar el movimiento hacia abajo de la forma más amplia posible, pero sin dejar que la rodilla toque totalmente el suelo.

Seguir a continuación con el movimiento hacia arriba, en el cual hay que extender de nuevo ambas piernas. En este caso el tronco también debe mantenerse erguido y en el centro, de forma que el peso corporal se distribuya equilibrado y ambas piernas estén cargadas con la misma intensidad.

Fuentes de fallos

Hay que preocuparse de que, en cualquier forma de ejecución de la zancada, la rodilla de la pierna adelantada siempre quede por detrás del antepié correspondiente.

Intentar mantener recto el tronco y que no se desplacen hacia delante ni atrás. Una excepción la constituye la forma de ejecución «toque abajo» (*touch down*). En esta variante se flexiona el tronco hasta el cóccix, pero siempre manteniendo recta la columna vertebral, por medio de una flexión profunda de la pierna activa.

Evitar que las piernas se doblen hacia dentro o hacia fuera y esforzarse en que el flujo del movimiento siempre transcurra en línea recta.

Distribuir el peso corporal uniformemente entre la pierna atrasada y la adelantada y forzar que ambas piernas queden cargadas por igual en todas las fases del ejercicio.

Cuidar de que la amplitud del paso sea suficiente. Si es escasa, resultará más bien desfavorable, pues podrá provocar una deflexión o desviación entre la rodilla y la cadera.

I 14: Zancada alternada

↕ ▬ ◢ ♥   Medio

1 + 2 Saltar ligeramente al final del movimiento hacia arriba para, por medio de la descarga en el punto más elevado, realizar un cambio de pierna. De esa forma se ejecutará una alternancia continuada de las piernas. Es necesario mantener siempre una posición correcta de las piernas. Al principio, y con el fin de adquirir seguridad, el tiempo de contacto de los pies durante el movimiento hacia abajo puede ser relativamente largo.

A lo largo del progreso del entrenamiento hay que acortar los saltos y que sean más rápidos. Se puede incrementar la intensidad manteniendo el cuerpo abajo y haciendo los saltos de cambio tan rápido como se pueda.

Consejo: Se puede aumentar la intensidad sin más que ejecutar el cambio de pierna tan profundo como se pueda. El tren superior no debe alterar la profundidad de su posición.

I 15: Zancada adelante y Torsión con toque en el suelo

↕ ▬ ◢ ♥   Medio

3 Esta variante de la Zancada incluye la rotación del tronco y actúa sobre dos ejes corporales (longitudinal y transversal) a lo largo de todo el desarrollo del movimiento. La posición de partida representa una postura neutra de paso. Realizar después una zancada. Al final del movimiento de bajada, practicar una rotación interior y una flexión del tren superior hacia delante y abajo. Intentar tocar el suelo durante un corto espacio de tiempo y, a continuación, incorporarse de nuevo para volver a la posición neutra de la zancada. Procurar mantener la espalda recta durante toda la flexión y no realizar movimientos bruscos.

Grupos musculares secundarios que se activan

Rotadores del tronco, musculatura abdominal, erectores de la columna.

I 16: Zancada en cajón

 Medio

4 + 5 Ejecutar una Zancada a partir de la posición neutra y colocar el pie adelantado sobre un elemento alto (*step*, peldaño, cajón). Tras elevarse sobre el cajón, regresar hacia atrás a la posición inicial. Según se aumenta la altura del cajón, se incrementa consecuentemente la intensidad. Cuidar de que se ejecute siempre un *lunge* correcto. El tronco debe mantenerse erguido y el peso del cuerpo de manera constante entre ambas piernas.

Como alternativa, este ejercicio se puede hacer excéntrico a base de ejecutarlo exclusivamente desde arriba hacia abajo. Colocar ambas piernas sobre el cajón y realizar lentamente la zancada hacia atrás y hacia abajo.

Grupos musculares secundarios que se activan

Músculos flexores de la pierna (M. isquiosural), M. glúteo mayor.

Consejo: La intensidad aumenta cuanto más se levante la pierna. Al principio se puede comenzar más bajo, por ejemplo sobre un peldaño de escalera, y subir paulatinamente hasta llegar al asiento de una silla. Aún se puede incrementar más la intensidad por medio de saltos alternativos.

I 17: Sentadilla búlgara

 Medio

6 La base de este ejercicio es la clásica zancada. Colocar el pie atrasado sobre un elemento alto (un *step,* un peldaño, el asiento de una silla, etc.). Cuidar de que la longitud elegida del paso sea lo suficientemente amplia para que, durante la flexión de la pierna, la rodilla no sobrepase a la punta del dedo gordo del pie.

Grupos musculares secundarios que se activan

M. glúteo mayor.

Consejo: Intentar saltar al final del movimiento hacia arriba. De esa forma la intensidad aumentará extraordinariamente.

I 18: Sentadilla pistola

 Muy avanzado

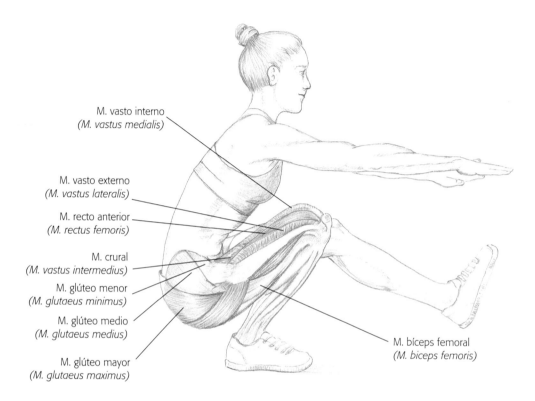

M. vasto interno
(*M. vastus medialis*)

M. vasto externo
(*M. vastus lateralis*)

M. recto anterior
(*M. rectus femoris*)

M. crural
(*M. vastus intermedius*)

M. glúteo menor
(*M. glutaeus minimus*)

M. glúteo medio
(*M. glutaeus medius*)

M. glúteo mayor
(*M. glutaeus maximus*)

M. bíceps femoral
(*M. biceps femoris*)

Esta sentadilla a una sola pierna es uno de los ejercicios más complicados para la parte inferior del cuerpo, pues, para poder apoyar el peso corporal sobre una sola pierna, se necesita que todos los grupos musculares que intervienen en el ejercicio trabajen casi a su potencia máxima. Debido al ángulo de las piernas flexionadas en cuclillas, el ejercicio se complica aún más, pues el cuerpo debe desplegar su fuerza en toda la amplitud de las articulaciones. Este ejercicio supone, además, un gran requerimiento de movilidad en las caderas y los tendones de Aquiles. Si estas exigencias no se cumplen plenamente, el deportista puede padecer una deflexión o desviación, en la que, por ejemplo, la espalda quedará fuertemente incurvada o los talones se levantarán debido a la flexión.

Grupos musculares implicados

Agonistas primarios: Extensor de la pierna (M. recto anterior, M. vasto externo, M. vasto interno, M. crural), M. glúteo mayor.

Agonistas secundarios: Isquiosurales (M. bíceps femoral, M. semitendinoso, M. semimembranoso), tensor de la pierna (M. aductor mayor, mediano y menor), glúteos (M. glúteo medio y menor).

Ejecución

Colocarse apoyado sobre una pierna y extender algo hacia delante la otra.

Flexionar la pierna de apoyo y adoptar una profunda posición en cuclillas apoyado sobre ella. A fin de conseguir mayor estabilidad, estirar hacia delante los brazos y la otra pierna. Durante todo el movimiento la planta del pie debe quedar apoyada por completo en el suelo.

Extender de nuevo la pierna de apoyo y enderezar el cuerpo.

¡Atención! Si existen problemas de rodillas este ejercicio no se debe practicar en una posición completamente en cuclillas.

Consejo: En caso de no conseguir una repetición completa, flexionar la pierna solo hasta la mitad o bien apoyarse en el respaldo de una silla, en una mesa o hacerlo con la ayuda de un compañero. De esa manera la pierna activa no tendrá que soportar todo el peso del cuerpo y el ejercicio resultará más sencillo.

Fuentes de fallos

Hay que preocuparse de que el centro de gravedad corporal siempre se encuentre en línea recta sobre el pie de apoyo.

Impedir un excesivo encorvamiento de la espalda. Durante el movimiento de flexión, mantener la espalda lo más recta que se pueda.

Bajar el cuerpo de forma lenta y controlada durante la flexión máxima de forma que la rodilla no resulte excesivamente comprimida.

I 19: *Curl* de piernas

↕ ▬ ⚡ ♥ Avanzado

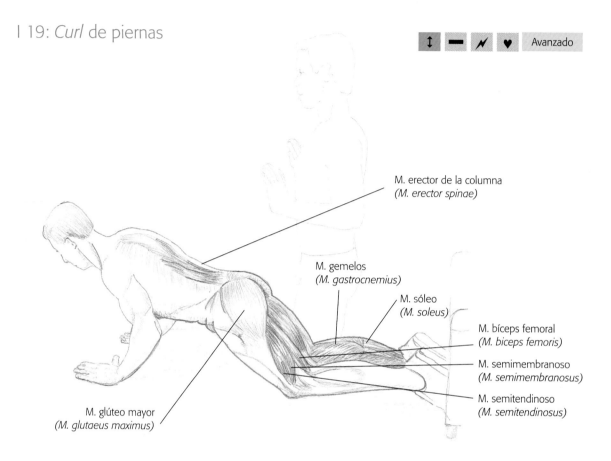

M. erector de la columna
(*M. erector spinae*)

M. gemelos
(*M. gastrocnemius*)

M. sóleo
(*M. soleus*)

M. bíceps femoral
(*M. biceps femoris*)

M. semimembranoso
(*M. semimembranosus*)

M. semitendinoso
(*M. semitendinosus*)

M. glúteo mayor
(*M. glutaeus maximus*)

La musculatura flexora de las piernas consta en lo esencial de un gran músculo, el M. bíceps femoral, y los dos M. semimembranoso y M. semitendinoso. El bíceps femoral adopta la mayor participación muscular. Los músculos semimembranoso y semitendinoso se caracterizan por su elevada cantidad de tendones y sirven para estabilizar la articulación de la rodilla. Los isquiosurales, que es como se denomina al conjunto de estos tres músculos (bíceps femoral, semitendinoso y semimembranoso), actúan en todos los *curls* como musculatura auxiliar y sinérgica para el apoyo. La mayoría de las veces se presta una atención muy reducida al entrenamiento de este grupo muscular. Sin embargo, hay muchos ejercicios con los que, de una manera muy sencilla, se puede entrenar este grupo.

Grupos musculares implicados

Agonistas primarios: Flexor de la pierna (M. bíceps femoral, M. semitendinoso, M. semimembranoso), M. glúteo mayor y M. erector de la columna.

Agonistas secundarios: Tensor de la pierna (M. aductor mayor, mediano y menor), M. glúteo medio y menor, musculatura de la pantorrilla (M. gemelos, M. sóleo).

Ejecución

Para este ejercicio se precisa de un contrapeso estable bajo el cual poder anclar los pies, o bien, como alternativa, un compañero que se encargue de fijar los pies al suelo.

Arrodillarse con ambas piernas dando la espalda a un objeto fijo bajo el cual se puedan enganchar los pies. Puede ser, por ejemplo, el borde inferior de un armario, un sofá pesado o una espaldera. También existe la posibilidad de pedir ayuda a un compañero.

Colocar bajo las rodillas un cojín, una colchoneta o una alfombra gruesa para proteger las articulaciones.

Tensar todo el tronco y mantener durante el ejercicio una línea recta formada por el hombro y la cadera. Inclinarse despacio hacia el suelo y frenar allí suavemente con las manos. Intentar que la ejecución de este movimiento sea lo más lenta posible a base de la apertura excéntrica del ángulo de las rodillas.

Volver a flexionar las rodillas y buscar de nuevo la posición de partida. En el movimiento hacia arriba se pueden apoyar los brazos como si se realizara un fondo desde el suelo.

Consejo: Comprobar con calma el rango completo del movimiento. Al principio puede bastar con realizar exclusivamente la mitad del rango del ejercicio para luego ejecutarlo en toda su amplitud.

Fuentes de fallos

Hay que preocuparse de que el movimiento hacia abajo no se ejecute con demasiado impulso, sino tan solo a base de una tensión muscular controlada. Durante ese movimiento de bajada, la musculatura de las piernas queda excéntricamente tensa y va cediendo poco a poco a la extensión.

El movimiento de subida y bajada debe realizarse siempre con la espalda recta y no a base de inclinar hacia atrás los glúteos.

Evitar un excesivo encorvamiento de la espalda o una exagerada lordosis.

I 20: *Curl* deslizante de piernas

Medio

M. bíceps femoral
(M. biceps femoris)

M. glúteo mayor
(M. glutaeus maximus)

M. erector de la columna
(M. erector spinae)

Este ejercicio es conocido en muchos cursos específicos para mujeres con la denominación «tripa-pierna-glúteo». Por ello es muy frecuente que en los entrenamientos de tipo predominantemente masculino se vea injustamente desacreditado, debido a que el clásico puente de piernas ya supone un excelente ejercicio básico para la musculatura flexora de los glúteos y de las piernas, así como para la parte inferior de la espalda. Con un suelo deslizante se puede incrementar la efectividad del ejercicio, pues el deslizamiento de los pies supone una elevada activación muscular.

Partiendo de esta posición, existe un gran número de formas de ejecución y variantes. Esta posición, presuntamente sencilla, supone sin embargo una cierta exigencia de movilidad en los músculos flexores de las caderas. Si la tensión es demasiado elevada, los antagonistas deberán trabajar de forma más intensiva. Es frecuente que surja una movilidad reducida debido al encorvamiento o flaccidez de los glúteos. Por este motivo, en todas las variantes de este ejercicio hay que tensar firmemente los glúteos y mantenerlos hacia arriba.

Grupos musculares implicados

Agonistas primarios: Flexor de la pierna (M. bíceps femoral, M. semitendinoso, M. semimembranoso), M. glúteo mayor y M. erector de la columna.

Agonistas secundarios: Tensor de la pierna (M. aductor mayor, mediano y menor), M. glúteo medio y menor.

Consejo: Se puede realizar este ejercicio sin necesidad de deslizarse. Basta colocar las piernas flexionadas apoyadas en el suelo y levantar la pelvis hasta que el muslo y la columna vertebral formen una línea recta. Para incrementar el rango de la flexión y conseguir que el ejercicio sea más intensivo, basta con colocar los pies sobre un apoyo de 20 a 30 cm de altura.

Ejecución

Tumbarse en el suelo boca arriba y con las piernas estiradas y colocar los talones sobre una superficie deslizante (por ejemplo, un suelo de madera lisa, de baldosín o laminado).

1 Para conseguir el efecto deslizante, se debe colocar debajo de los pies una manta o cualquier otro material que aporte un deslizamiento similar. También se puede ejecutar el ejercicio con unos calcetines suaves y algo gruesos.

Dejar reposar los brazos sobre el suelo, a derecha e izquierda del cuerpo, y levantar la pelvis hasta que los glúteos queden casi flotando por encima del suelo. Ahora se podrá percibir una evidente tensión muscular en la parte inferior de la espalda y en la musculatura flexora de las nalgas y las piernas.

2 Flexionar las piernas hasta que los pies se deslicen por el suelo acercándose al cuerpo; levantar las nalgas. Para facilitar el movimiento, basta con apretar fuertemente los brazos contra el suelo.

Acto seguido, volver a estirar las piernas, bajar las nalgas y deslizarse con los pies para regresar a la posición de partida.

Fuentes de fallos

Hay que fijarse en que la musculatura de las nalgas mantenga una firme tensión durante todo el movimiento, así como que la espalda no padezca una lordosis excesiva.

Ejecutar el movimiento hacia abajo de forma lenta y controlada. No dejar que el cuerpo descienda bruscamente.

I 21: Puente a una sola pierna

↕ ▬ ⚡ ♥   Medio

1 Esta variante del Puente se ejecuta con una sola pierna. Estirar una pierna verticalmente hacia arriba. Hacer que la otra adopte una posición flexionada en ángulo sobre el suelo. Levantar y bajar la pelvis manteniendo siempre activada la pierna estirada hacia arriba. Para aumentar la intensidad, se puede abrir ligeramente el ángulo de la rodilla de la pierna de apoyo y alejar ligeramente el pie del cuerpo. Como alternativa, este ejercicio también se puede hacer con las manos en posición de fondos.

Consejo: Para incrementar la intensidad, este ejercicio se puede ejecutar como puente con marcha de piernas (*march leg bridge*) sin más que cambiar de una pierna a la otra imitando un movimiento de marcha.

I 22: Puente reverso a una sola pierna

↕ ▬ ⚡ ♥   Básico

2 Colocar la parte superior de la espalda sobre un apoyo de 50 a 60 cm de altura, puede ser un banco, un *step*, un taburete, una pelota de Pezzi o el asiento de una silla. Apoyar las piernas perpendiculares al suelo cuidando de que los glúteos queden suspendidos en el aire. Mantener la espalda horizontal, estirar una de las piernas recta hacia delante y mantenerla estáticamente en esa posición durante todo el ejercicio. Levantar ahora la pelvis y luego bajarla con control. Este ejercicio también se puede ejecutar con ambas piernas sobre el suelo, resultando de menor intensidad.

Grupos musculares secundarios que se activan

Extensor de la pierna (M. cuádriceps).

I 23: Puente alto de piernas

 Básico

3 Ejecutar un clásico Puente de piernas, pero elevar la posición de los pies colocándolos sobre una silla, un banco, un escalón o un *step*. Con esa elevación, es necesario alzar la pelvis en el movimiento hacia arriba. De esa manera se incrementa la contracción muscular y la intensidad, pues se alarga el recorrido de trabajo y los músculos se mantienen activados durante más tiempo.

I 24: Puente a una sola pierna con la otra cruzada

 Medio

4 Para aumentar la dificultad, se puede practicar el Puente alto de piernas pero con una sola pierna. Cargar el peso del cuerpo sobre una de las piernas y cruzar la pierna pasiva sobre la activa. Elevar y bajar las nalgas y procurar que la ejecución del movimiento sea suave y controlada. Al hacer este desplazamiento del cuerpo debe percibirse una evidente tensión muscular en los glúteos y en los músculos flexores de las piernas.

I 25: Puente a una sola pierna con brazos estirados

 Medio

5 Una alternativa más exigente del tronco consiste en la ejecución del Puente a una sola pierna en posición de fondos de espaldas. De esa forma los brazos se mantienen extendidos, la pierna elevada no se lleva a la vertical, y se aumenta el rango del movimiento y los músculos se contraen durante más tiempo. Se debe intentar esta alternativa para darle variedad a los ejercicios.

I 26: Hiperextensión inversa

Básico

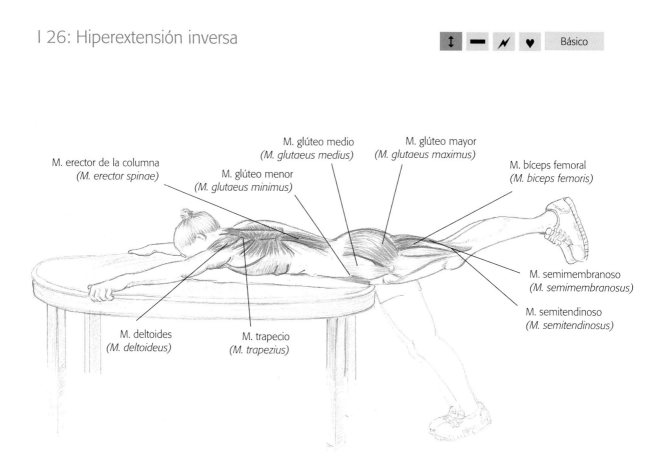

M. erector de la columna
(M. erector spinae)

M. glúteo menor
(M. glutaeus minimus)

M. glúteo medio
(M. glutaeus medius)

M. glúteo mayor
(M. glutaeus maximus)

M. bíceps femoral
(M. biceps femoris)

M. semimembranoso
(M. semimembranosus)

M. semitendinoso
(M. semitendinosus)

M. deltoides
(M. deltoideus)

M. trapecio
(M. trapezius)

Con este levantamiento de piernas hacia atrás se entrena predominantemente la musculatura de los glúteos. La mayor participación en este grupo muscular es la del M. glúteo mayor, que posibilita la elevación de la pierna hacia atrás y arriba. No obstante, también participan en estos movimientos tanto la musculatura flexora de la pierna como el M. glúteo medio y el M. glúteo menor. Este ejercicio ofrece numerosas variaciones, desde la forma de ejecución estando erguido, hasta en postura de rodillas o tumbado. Para cada una de las variaciones es preciso mantener activada la musculatura dorsal y abdominal, así como evitar la lordosis en la posición más elevada de las piernas. Hay que controlar el movimiento de las piernas y ejecutarlo sin impulsos bruscos.

Debido a la fijación del tren superior, en esta posición se transmite el esfuerzo a la musculatura de la parte inferior de la espalda, por lo que muchas de las variaciones del ejercicio deben ser abordadas de forma complementaria.

Grupos musculares implicados

Agonistas primarios: Flexor de la pierna (M. bíceps femoral, M. semitendinoso, M. semimembranoso), M. glúteo mayor y M. erector de la columna.

Agonistas secundarios: Tensor de la pierna (M. aductor mayor, mediano y menor), musculatura glútea (M. glúteo medio y menor), M. trapecio y M. deltoides.

Ejecución

Tumbarse con el tronco hacia abajo sobre una mesa o un apoyo de altura similar. Cuidar de que las caderas limiten con el canto de la mesa para que los pies se apoyen en el suelo. Para impedir las desagradables huellas provocadas por la presión, se debe colocar debajo del cuerpo una colchoneta o una manta suave.

Sujetarse lateralmente con las manos en los bordes de la mesa y extender una pierna (o las dos, opcionalmente) hasta conseguir la horizontal.

Durante el movimiento de subida, mantener la tensión en todo el tronco y evitar la lordosis así como movimientos bruscos de la pierna hacia arriba. Mantener la vista baja para evitar un innecesario exceso de extensión en la columna cervical.

A continuación, ir bajando de altura la/s pierna/s hasta que queden cerca del suelo y comenzar el ejercicio desde el principio.

Consejo: Este ejercicio también se puede realizar con una sola pierna extendida hacia arriba, de esa forma la implicación mayor recae sobre los glúteos.

Fuentes de fallos

Hay que preocuparse de que la pierna (o las dos) no se levante con impulsos bruscos sino a base de mantener una tensión muscular controlada.

Evitar un exceso de extensión de la columna vertebral en lordosis, así como que la pierna levantada no sobrepase la horizontal sino que solo se mantenga en prolongación de la columna vertebral.

I 27: Hiperextensión inversa de pie

‖ — ⁄ ♥   Básico

1 Esta forma de ejecución representa la variante más sencilla de la Elevación de piernas. Solo se precisa un elemento estabilizador en el que sujetarse; por ejemplo, una silla, una mesa o una pared. Desplazar todo el cuerpo ligeramente hacia delante y subir y bajar la pierna extendida hacia atrás-arriba y atrás-abajo. Cuanto más inclinado se desplace el cuerpo, más podrá subir la pierna. Lo único que se debe tener en cuenta es evitar un exceso de extensión de la columna vertebral en lordosis.

I 28: Extensión inversa de piernas

‖ — ⁄ ♥   Medio

2 Esta práctica también se comienza a partir de la posición de salida del ejercicio básico, tal y como se ha descrito en las páginas anteriores. En lugar de mantener las piernas extendidas, aquí se debe empezar a trabajar con ellas flexionadas a unos 90º.

3 En la posición inicial los pies no deben apoyarse en el suelo. Estirar las piernas hacia atrás-arriba hasta llegar a la posición horizontal. Al final, las piernas y la columna vertebral deben formar una línea recta antes de volver a flexionar las piernas y regresar a la posición de salida.

Grupos musculares secundarios que se activan

M. erector de la columna.

4

I 29: Hiperextensión inversa de rodillas

⇕ ▬ ⟋ ♥   Medio

4 Arrodillarse en el suelo y adoptar una postura de cuatro apoyos (posición de cuadrupedia). Mantener la espalda recta y dirigir la vista hacia abajo para evitar un innecesario exceso de extensión en la columna cervical. Extender una pierna hacia atrás y bajarla y subirla de forma controlada y tan despacio como sea posible. Procurar que la pierna no suba, por un impulso excesivo, más arriba de la columna vertebral.

Este ejercicio también se puede ejecutar como una Extensión de pierna, desde la postura de rodilla flexionada, estirando la pierna hacia atrás.

I 30: Hiperextensión inversa de rodillas con pierna flexionada

⇕ ▬ ⟋ ♥   Medio

5 Adoptar una posición de cuatro apoyos sobre los antebrazos y tensar el abdomen. De esa forma se

previene un exceso de extensión de la columna vertebral en lordosis. Levantar hacia arriba una pierna flexionada por la rodilla. Sería como si la planta del pie, recta, quisiera presionar un objeto hacia arriba. Después descender la pierna hasta llegar cerca del suelo.

Consejo: Para incrementar la intensidad se puede apretar con la corva una botella de agua o algo de peso similar.

5

I 31: Elevación lateral de piernas

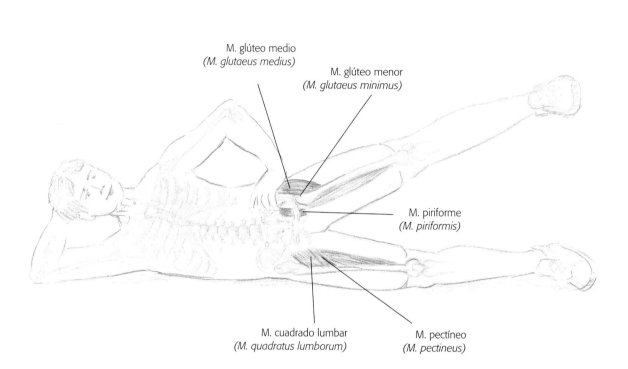

M. glúteo medio
(M. glutaeus medius)

M. glúteo menor
(M. glutaeus minimus)

M. piriforme
(M. piriformis)

M. cuadrado lumbar
(M. quadratus lumborum)

M. pectíneo
(M. pectineus)

El M. glúteo mayor es la parte principal de toda la musculatura glútea. Como ya se ha comentado, resulta esencialmente responsable de los elevamientos hacia atrás de las piernas y además ayuda en cualquier movimiento estándar de cuclillas. El M. glúteo medio y el menor sirven fundamentalmente para levantar la pierna hacia fuera, es lo que se conoce en lenguaje profesional como «abducción», por lo que ambos músculos son denominados «abductores». Representan los antagonistas inmediatos de los tensores de las piernas, que son los «aductores». Para entrenar la musculatura glútea lateral son muy adecuados los levantamientos laterales de piernas, que se pueden ejecutar con múltiples variantes. El ejercicio básico consiste en el levantamiento lateral en posición tumbada.

Grupos musculares implicados

Agonistas primarios: M. glúteo medio y menor.

Agonistas secundarios: Musculatura abdominal lateral (M. oblicuo interno y externo), M. cuadrado lumbar, M. glúteo mayor, M. pectíneo.

Ejecución

Adoptar la posición inicial de apoyo lateral sobre antebrazos. Dejar la rodilla ligeramente flexionada. La rodilla debe quedar apoyada sobre un soporte suave. Mantener la espalda recta y activar la musculatura del tronco a fin de evitar un encorvamiento de la columna vertebral.

Estirar lateralmente la pierna superior hacia fuera, en paralelo a la inferior, y levantarla y bajarla de forma lenta y controlada.

Durante el movimiento hacia arriba, levantar la pierna tanto como se pueda y permita la movilidad de los aductores. Evitar movimientos impetuosos durante la subida.

Para mantener la musculatura activada, no se debe dejar que, al final del movimiento hacia abajo, la pierna repose totalmente en el suelo.

Fuentes de fallos

La columna vertebral siempre debe mantenerse en línea recta y nunca curvarse hacia abajo.

La pierna activa no debe desplazarse hacia delante sino que debe subir hacia fuera hasta mantenerse en prolongación de la columna vertebral.

Evitar todo tipo de balanceo, pues puede provocar distensiones entre cartílagos y músculos o articulaciones.

I 32: Elevación lateral de piernas arrodillado con apoyo lateral de antebrazo

 Básico

1 Adoptar la posición inicial del apoyo lateral sobre antebrazos en posición arrodillada. Hacer que la rodilla quede apoyada sobre un soporte suave. Mantener recta la espalda y tensar la musculatura del tronco a fin de evitar un encorvamiento de la columna vertebral. Estirar lateralmente la pierna superior hacia fuera, en paralelo a la inferior, y levantarla y bajarla de forma lenta y controlada. Durante el movimiento hacia arriba, levantar la pierna tanto como se pueda y permita la movilidad de los aductores. Evitar movimientos bruscos durante la subida. Para mantener la musculatura activada, no se debe dejar que, al final del movimiento hacia abajo, la pierna repose totalmente en el suelo.

Grupos musculares secundarios que se activan

Musculatura abdominal lateral (M. oblicuo interno y externo), M. cuadrado lumbar.

I 33: Elevación lateral de piernas con apoyo lateral de antebrazo

Medio

2 Este ejercicio es similar al I 31, aunque en la posición inicial hay que adoptar una postura completa de apoyo lateral sobre antebrazo. Extender la pierna inferior en la posición de apoyo y colocar el pie correspondiente sobre su borde externo. Mantener recta la columna vertebral y no permitir que se incurve hacia abajo. A partir de esta posición, levantar y bajar la pierna superior extendida hacia arriba y abajo.

Consejo: Este ejercicio también se puede ejecutar en posición de fondo oblicuo con el brazo extendido.

I 34: Elevación lateral de pierna desde cuatro apoyos con patada circular

 Medio

3 + 4 Este ejercicio es otra forma de ejecución de la elevación lateral de pierna desde cuatro apoyos y supone una gran exigencia de la movilidad de la pierna. Al final del movimiento hacia arriba, estirar de lado la pierna activa. El recorrido del movimiento debe ser semicircular y desde atrás lateralmente hacia fuera. Mantener la rodilla, en el punto más alto, en una posición estática. El ejercicio se puede representar como la ejecución de una patada lateral hacia fuera.

I 35: Elevación lateral recta de pierna desde cuatro apoyos

Avanzado

5 + 6 Ejecutar una elevación lateral de pierna desde cuatro apoyos como se describe en el ejercicio I 33, pero mantener siempre extendida la pierna activa durante el movimiento. Comenzar con una posición estable y desplazar el peso corporal sobre la pierna pasiva. La pierna activa formará un ángulo de 90° con el tronco, luego extenderla hacia fuera y separarla 1 o 2 cm del suelo. Levantar y bajar la pierna sin que se desplace hacia fuera. La subida de la pierna estirada surte efecto sobre una mayor masa corporal y hace que se incremente la intensidad. Durante este ejercicio la pierna activa nunca debe bajar completamente al suelo.

Volver a flexionar la pierna después de la patada y bajarla de nuevo hasta la posición de salida. Estos dos movimientos se deben practicar de forma lenta y consecutiva.

Consejo: En caso de que el ejercicio resulte demasiado complejo, se puede suprimir la patada y limitarse solo a subir y bajar la pierna que está en ángulo.

1

2

3

4

5

6

I 36: Elevación de rodillas hacia delante

Básico

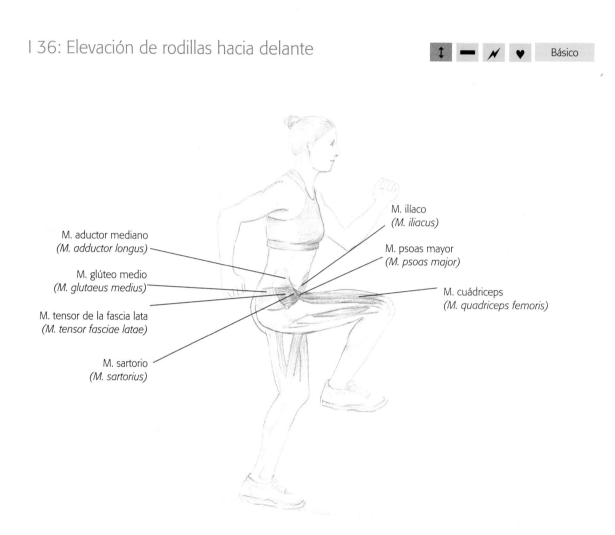

M. aductor mediano
(M. adductor longus)

M. glúteo medio
(M. glutaeus medius)

M. tensor de la fascia lata
(M. tensor fasciae latae)

M. sartorio
(M. sartorius)

M. ilíaco
(M. iliacus)

M. psoas mayor
(M. psoas major)

M. cuádriceps
(M. quadriceps femoris)

La flexión de la cadera debido a una elevación de la pierna hacia delante-arriba es una componente muy habitual dentro de la actividad diaria de cualquier ser humano. Este movimiento aparece al andar, al correr, al subir escaleras, etc. A causa de esta elevada densidad de estímulos cotidianos, los grupos musculares responsables de su ejecución, los flexores de la cadera (M. psoas mayor, M. ilíaco y M. tensor de la fascia lata) se mantienen siempre en una tensión muy elevada. A tales grupos musculares, que están sometidos por naturaleza a una gran tensión, se les identifica como «músculos tónicos» y a sus antagonistas se les distingue por sus características fásicas; disponen de poca tensión básica y se fatigan rápidamente ante el menor esfuerzo. Por tanto, lo razonable es entrenar con algo más de frecuencia los

músculos fásicos que los tónicos. Sin embargo, en un plan de entrenamiento bien concebido nunca debe faltar el trabajo sobre los flexores de la cadera. Además, existen numerosas combinaciones de ejercicios para, en paralelo con los flexores de la cadera, poder entrenar también otras partes de la pierna.

Grupos musculares implicados

Agonistas primarios: M. psoas mayor, M. ilíaco, M. tensor de la fascia lata.

Agonistas secundarios: Músculo extensor de la pierna (M. cuádriceps).

Ejecución

Adoptar una posición de paso y mantener erguido el tren superior.

Desplazar el centro de gravedad sobre la pierna adelantada.

Levantar la pierna atrasada flexionándola arriba tanto como se pueda para dejarla bajar después.

El ejercicio se puede practicar bien con una de las piernas o con un continuo cambio de piernas.

Durante el movimiento hacia arriba hay que tener muy en cuenta que la espalda se mantenga recta y evitar su encorvamiento hacia atrás.

En caso de tener problemas con el equilibrio, es posible sujetarse a una silla, una pared o echar mano de un compañero para estabilizar la posición del cuerpo.

Consejo: Como alternativa, también se puede estirar la pierna hacia arriba o ejecutar una patada frontal. De esa forma, después de subir la pierna se estirará hacia delante para, a continuación, volver a contraerla. Al cabo de algunas repeticiones se podrá ejecutar la patada frontal de forma más explosiva e incrementar de esa forma la intensidad (ver foto central abajo).

Fuentes de fallos

Hay que preocuparse de que la columna vertebral se mantenga siempre erguida y en línea recta.

Se puede desplazar el cuerpo ligeramente hacia atrás siempre que no se produzca un redondeo de la espalda.

Trabajar de forma controlada y evitar un rápido balanceo de la pierna hacia arriba.

I 37: Elevación inversa de pierna

Básico

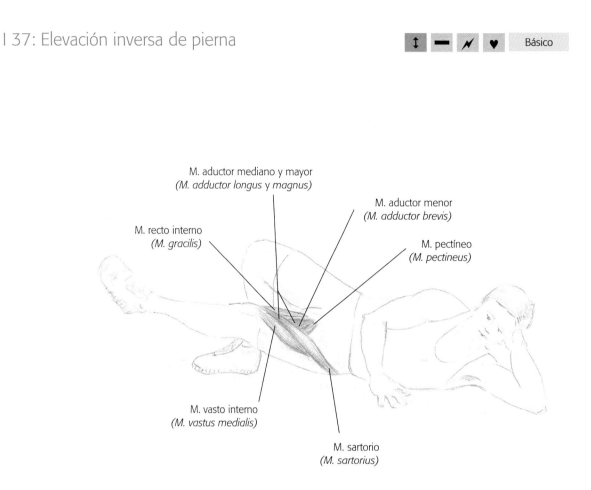

M. aductor mediano y mayor
(M. adductor longus y *magnus)*

M. aductor menor
(M. adductor brevis)

M. recto interno
(M. gracilis)

M. pectíneo
(M. pectineus)

M. vasto interno
(M. vastus medialis)

M. sartorio
(M. sartorius)

El entrenamiento de los aductores a menudo se ha desacreditado considerándolo un típico «ejercicio para mujeres». Sin embargo, los aductores tienen una importante función estabilizadora que sirve de apoyo para casi todos los movimientos de las extremidades inferiores. Este grupo muscular debe merecer, en consecuencia, la atención necesaria.

Los aductores constan del M. aductor menor, mediano y mayor, M. pectíneo y el M. recto interno y, según sea el ángulo de las piernas en el ejercicio, se cargan con mayor o menor intensidad. Un ejercicio básico es la elevación de la pierna de forma que la que queda abajo se mantenga en una posición cómoda. Esta variante es especialmente adecuada para principiantes, que no requieren grandes rangos de movimiento ni demasiados conocimientos.

Grupos musculares implicados

Agonistas primarios: Tensor de la pierna (M. aductor mediano, menor y mayor), M. pectíneo y M. recto interno.

Agonistas secundarios: M. sartorio y la parte media del extensor de la pierna (M. vasto interno).

Ejecución

Adoptar la postura de tumbado de lado en el suelo y estirar la pierna inferior. Flexionar en ángulo la pierna superior y apoyarla en el suelo.

El tronco y la cabeza deben estar en posición neutra y mantenerse pegados al suelo. Se puede colocar el brazo inferior debajo de la cabeza para que le sirva de acomodo. El brazo superior se debe apoyar o en la cintura o bien en el suelo delante del cuerpo.

Levantar la pierna inferior tanto como se pueda y bajarla con control para volver a la posición de partida. La pierna no debe apoyarse totalmente en el suelo.

Fuentes de fallos

Hay que preocuparse de que la pierna inferior se encuentre siempre en prolongación de la columna vertebral.

Impedir la lordosis y, al tiempo, durante el ejercicio, hay que mantener la tensión de la musculatura abdominal.

Evitar que, debido al apoyo sobre la mano o el brazo, la cabeza se mantenga en una posición excesivamente alta, ya que en ese caso se ejercería una excesiva e innecesaria extensión sobre la columna cervical.

Durante el movimiento de bajada dejar que la pierna descienda de forma muy lenta.

I 38: Elevación inversa de pierna desde el cajón

↕ ▬ ⚡ ♥ Medio

1 Adoptar la postura de tumbado de lado en el suelo y colocar la pierna superior sobre un banco o el asiento de una silla. Mantener la pierna activada y levantar lateralmente el tronco hasta que la pelvis se separe del suelo. Luego levantar y bajar la pierna inferior e intentar mantenerla activada lo más posible.

I 39: Plancha lateral en el cajón y elevación inversa de pierna

↕ ▬ ⚡ ♥ Avanzado

2 Adoptar la postura de tumbado de lado en el suelo apoyado sobre un antebrazo y colocar la pierna superior sobre un banco o una silla. Hacer presión contra el suelo hasta que el cuerpo quede suspendido en línea recta sobre él. Estirar la pierna inferior hasta que forme un ángulo de 90° por delante del cuerpo y descender con control, poco a poco, hasta quedar casi pegado al suelo.

I 40: Plancha lateral inversa

↕ ▬ ✎ ♥ Medio

3 Adoptar la postura de tumbado de lado en el suelo apoyado sobre un antebrazo, levantar la pierna inferior y flexionarla hacia atrás de forma que el apoyo solo se establezca con la pierna superior. Los aductores de la pierna superior resultarán intensamente solicitados, y los de la pierna inferior también estarán activados pues la extremidad debe actuar en contra de la acción de la gravedad. Cuidar durante el ejercicio de que se mantenga recta la columna vertebral y no cuelgue hacia abajo.

Grupos musculares secundarios que se activan

Musculatura abdominal lateral (M. oblicuo interno y externo), M. cuadrado lumbar.

I 41: Plancha lateral con elevación inversa de pierna

↕ ▬ ✎ ♥ Medio

4 Para ejecutar este ejercicio es necesario disponer de un buen sentido del equilibrio. Adoptar la postura de tumbado de lado en el suelo en un fondo oblicuo y levantar la pierna inferior hacia delante haciendo presión contra el suelo. La pierna superior está cargada estáticamente en la zona de los aductores y debe soportar el peso del cuerpo. Levantar ahora la pierna inferior tanto como sea posible y, a continuación, bajarla hasta llegar cerca del suelo.

Este ejercicio también se puede realizar con apoyo en el antebrazo. De esa forma se incrementa la exigencia en la musculatura del tronco.

I 42: Elevación de talones

Básico

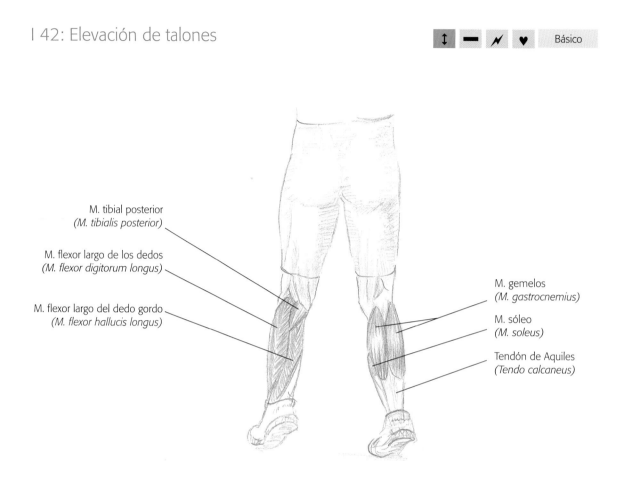

M. tibial posterior
(M. tibialis posterior)

M. flexor largo de los dedos
(M. flexor digitorum longus)

M. flexor largo del dedo gordo
(M. flexor hallucis longus)

M. gemelos
(M. gastrocnemius)

M. sóleo
(M. soleus)

Tendón de Aquiles
(Tendo calcaneus)

La musculatura de la pierna consta de varios músculos. En la zona posterior aparecen los gemelos, que representan la imagen más típica de la musculatura de la pantorrilla. Debajo se sitúa el M. sóleo, cuya porción lateral se observa muy bien en los hombres. A menudo se dice que solo estos dos músculos son los que toman parte en el trabajo de la pantorrilla. Pero en los movimientos de la pierna participa una gran cantidad de otros músculos que actúan como sinérgicos. Especialmente las capas más profundas y la musculatura anterior de las espinillas intervienen en casi todos los movimientos de marcha, salto y levantamiento de talones. También la postura de pie plantea una gran exigencia a estos grupos musculares, cuya misión es la de mantener el cuerpo en equilibrio.

Precisamente por eso nunca hay que descuidar el entrenamiento de las piernas. El levantamiento de talones de ambas piernas es un ejercicio especialmente útil y sencillo de ejecutar en cualquier parte.

Grupos musculares implicados

Agonistas primarios: M. gemelos y M. sóleo.

Agonistas secundarios: En las capas profundas (M. tibial posterior, M. flexor largo de los dedos y M. flexor largo del dedo gordo).

Ejecución

Adoptar una posición de pie con las piernas separadas a la anchura de las caderas y desplazar ligeramente el centro de gravedad hacia delante, sobre los antepiés.

Mantener las rodillas rectas y levantar los talones tanto como sea posible.

Al llegar al punto más alto, intentar mantenerse 2 o 3 segundos antes de volver a bajar lentamente los talones.

En caso de tener problemas con el equilibrio, se puede recurrir a sujetarse a un objeto estable.

Consejo: Si este ejercicio resulta demasiado sencillo se puede utilizar un peso: pueden ser unas botellas de agua o cargar con una mochila llena.

Fuentes de fallos

Durante este ejercicio se debe mantener el muslo en tensión a fin de fijar la articulación de la rodilla.

Hay que preocuparse de que, durante el movimiento hacia abajo, los talones no caigan de golpe sino que lleguen al suelo de una forma controlada.

Evitar una lordosis, para lo que hay que mantener en tensión la musculatura del tronco.

I 43: Elevación de talones en cajón

 Básico

1 Colocar los antepiés en el borde de un objeto elevado, como puede ser un peldaño de escalera. Mantener las piernas extendidas y en tensión. Bajar ahora los talones hasta percibir un claro estiramiento en el tendón de Aquiles y en la musculatura de la pantorrilla. Tensar los talones hacia arriba tanto como se pueda y mantenerse 2 o 3 segundos en la posición más elevada. La situación de los pies en una elevación hará que se prolongue el recorrido de trabajo de la musculatura, por hacerlo en una posición angular más intensa. Además, la bajada hasta conseguir un buen estiramiento hace que se exija la movilidad del tobillo. Para mantener mejor el equilibrio, se puede utilizar una fijación segura (respaldo de una silla, una pared, etc.).

Consejo: Este ejercicio también se ejecuta sobre una sola pierna (ver foto 2). De esa forma aumenta la intensidad debido a que todo el peso del cuerpo debe gravitar sobre esa única pierna.

I 44: Salto sobre talón a una sola pierna

Medio

3 Colocarse sobre una pierna y dejar la otra ligeramente flexionada de forma que quede suspendida sobre el suelo. Ejecutar con la pierna activa muchos saltos de pequeña amplitud de forma que el tiempo de contacto con el suelo sea lo más breve posible. Intentar, en el punto más alto del movimiento, tirar del antepié hacia arriba de forma que el tendón de Aquiles y la pantorrilla se tensen poco antes de que el pie toque el suelo. Esto posibilita una amplitud de movimiento rápida y de fuerza reactiva desde el movimiento de subida al de bajada.

Grupos musculares secundarios que se activan

M. tibial anterior y posterior.

Zona media (*core*): abdomen y tronco

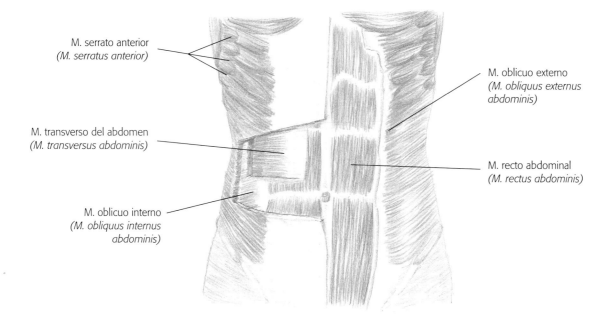

M. serrato anterior
(*M. serratus anterior*)

M. oblicuo externo
(*M. obliquus externus abdominis*)

M. transverso del abdomen
(*M. transversus abdominis*)

M. recto abdominal
(*M. rectus abdominis*)

M. oblicuo interno
(*M. obliquus internus abdominis*)

Anatomía

«La fuerza viene del centro». Aunque este notable lema aparece en las actuales publicaciones deportivas, proviene de los lejanos tiempos de la historia del deporte. En las antiguas lides de combate en Asia ya se le atribuía al núcleo central del cuerpo una considerable función en el despliegue de cualquier tipo de fuerza. En los modernos deportes de rendimiento se le presta cada vez más atención al fortalecimiento de la zona media con el fin de conseguir un mejor rendimiento voluntario de la fuerza. Incluso en el deporte como actividad física saludable se sabe de la importancia de mantener estable el tronco. Si surgen fuerzas inesperadas, como puede ocurrir en una caída o un movimiento brusco condicionado por una reacción, el cuerpo debe ser capaz de absorberlas. Por eso, si la musculatura del tronco está debilitada, tales fuerzas serán difícilmente controlables al faltar una importante estabilización. La consecuencia es la claudicación de la región corporal más débil. Puesto que

el tren superior se ocupa exclusivamente de cargar con la columna vertebral, en muchas ocasiones se convierte en el eslabón débil de la cadena de estabilización del tronco. Solo por este motivo el *core* debería ser el principal foco de atención de un entrenamiento que sirva para luchar de forma preventiva contra los daños de la columna y los discos intervertebrales. Además, las más recientes investigaciones corroboran que el cuerpo trabaja de forma más efectiva y económica si cuenta con un tronco estable.

La mayor componente del núcleo corporal está integrada por la musculatura abdominal.

Está distribuida por parejas, rodea las zonas de la pelvis y el abdomen y conecta el tórax con esta. Posibilita la inclinación y el giro del tronco. En la musculatura abdominal se cuentan, entre otras, las siguientes partes:

- M. recto abdominal
- M. serrato anterior
- M. transverso del abdomen
- M. oblicuo interno y M. oblicuo externo
- M. cuadrado lumbar

Ejercicios y grupos musculares

Los ejercicios de este capítulo están todos identificados con la nomenclatura «C» (*Core*). Todas las partes de la musculatura abdominal tienen importantes funciones en la estabilización del tronco, pero no han sido clasificadas exclusivamente por esa labor. Las capas externas e internas de la musculatura dorsal inferior, así como los flexores de la cadera y los glúteos adquieren también un notable papel en lo referente al fortalecimiento ventral del tronco. Sobre estos músculos se tratará próximamente en el capítulo «Espalda», a partir de la página 134, o bien ya han sido tratados en el capítulo «Tren inferior».

Clasificación de los ejercicios

Para contar con una panorámica mejor, los grupos musculares se han clasificado en cuatro categorías principales:

I: **Componente central.** M. recto abdominal

II: **Componente lateral.** M. oblicuo interno y M. oblicuo externo, M. serrato anterior

III: **Componente inferior.** M. transverso del abdomen, M. psoasilíaco

IV: **Tronco completo más espalda y glúteos.** M. erector de la columna, M. glúteo mayor, medio y menor

COMENTARIO PARA EL ENTRENAMIENTO DE LA MUSCULATURA ABDOMINAL

Los músculos abdominales son fundamentalmente de tipo fásico; es decir, disponen de una intensidad de tensión más baja que la de sus antagonistas tónicos. Por este motivo, la musculatura abdominal se debilita rápidamente en un entrenamiento, aunque no sea completo y, en consecuencia, debe incrementarse su trabajo poco a poco. Sin embargo, las más recientes investigaciones han mostrado que la musculatura abdominal no debe entrenarse a diario, tal y como se presumía. Lo razonable es trabajar de forma intensiva 2 o 3 veces por semana, pero dedicándole una plena atención. Cuando en un entrenamiento comienza a disminuir la motivación, se pueden introducir ejercicios de abdomen. Hay que entrenar el abdomen de una forma guiada y cuidadosa y darle un lugar destacado en cada plan individual de entrenamiento.

C 1: Encogimientos abdominales

 Básico

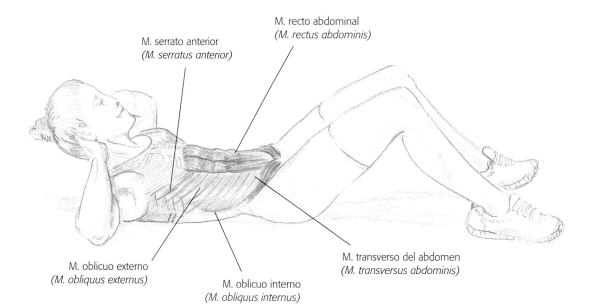

M. serrato anterior
(M. serratus anterior)

M. recto abdominal
(M. rectus abdominis)

M. oblicuo externo
(M. obliquus externus)

M. oblicuo interno
(M. obliquus internus)

M. transverso del abdomen
(M. transversus abdominis)

Los Encogimientos abdominales, más conocidos por Abdominales, son sin duda los ejercicios más populares de la musculatura abdominal y pueden ser ejecutados de forma sencilla en alguna de sus múltiples variantes. Para este ejercicio hay que elevar y bajar con control el tronco. La musculatura implicada es, esencialmente, el M. recto abdominal, aunque también intervienen en el movimiento tanto el M. transverso del abdomen como el M. oblicuo interno y externo y el M. serrato anterior. En la ciencia deportiva, la ejecución de este ejercicio siempre ha sido objeto de controversia. Algunos estudios señalan que los antepiés deben tocar el suelo y los talones han de mantenerse elevados. De esa forma se contribuye a incrementar la tensión de los músculos de la pantorrilla.

Otros estudios proponen exactamente lo contrario al afirmar que los talones deben mantenerse firmemente pegados al suelo con el fin de activar intencionadamente el abdomen. El propio deportista es quien debe

decidirse, finalmente, por adoptar una u otra posición de los pies. Resulta mucho más importante que cada uno se preocupe de ejecutar correctamente el ejercicio y superar sus propios límites de rendimiento.

Grupos musculares implicados

Agonistas primarios: M. recto abdominal.

Agonistas secundarios: M. transverso del abdomen, M. oblicuo interno y externo, M. serrato anterior.

Ejecución

Tumbarse de espaldas en el suelo y flexionar las piernas en un ángulo de 90º.

Cruzar los brazos sobre el abdomen o el pecho, o bien colocarlos algo hacia atrás, junto a la cabeza, dejando que esta repose suavemente sobre las manos. Cuanto más hacia atrás se coloquen los brazos, más complicado resultará el ejercicio, debido a que la musculatura abdominal debe cargar también con el peso de los brazos.

Colocar la barbilla separada de la caja torácica aproximadamente la anchura de un puño y levantar un poco los hombros de forma que la musculatura abdominal soporte una tensión previa. De esa forma se llega a la posición inicial del ejercicio.

Levantar el tronco en oblicuo hacia delante hasta que la columna lumbar se despegue un poco del suelo. Presionar firmemente con los pies contra el suelo para incrementar la tensión.

A continuación, bajar con control de nuevo el tronco hasta llegar a la posición inicial. Mantener la activación del abdomen y no apoyarse totalmente sobre el suelo.

Consejo: Se puede aumentar la intensidad a base de incrementar el rango del movimiento. Levantar el tronco a 45º controlando en todo momento la ejecución del movimiento.

Fuentes de fallos

No desplazar bruscamente el cuello tirando de él hacia arriba con las manos. Si se desea poner las manos detrás de la cabeza, dejar que esta descanse en ellas de forma pasiva y sin ejercer tracción.

Arquear la columna vertebral pero sin llegar a una curvatura extrema; no incorporarse demasiado. Se puede controlar, por medio del rango del movimiento, que el tronco solo se levante hasta la columna lumbar.

No hay que trabajar con excesivo ímpetu, sino solo a base de la contracción muscular.

C 2: Encogimientos abdominales diamante

 Básico

1 Separar las piernas como en la posición inicial del Encogimiento abdominal. Estirar los brazos en sentido oblicuo hacia delante y levantar ahora, lentamente, el tronco hasta que las manos queden al mismo nivel de las rodillas. A continuación, bajar hasta llegar cerca del suelo.

C 3: Encogimientos abdominales sobre una pierna

 Básico

2 Tumbarse de espaldas en el suelo y flexionar una rodilla apoyando el pie en él. Levantar la otra pierna hasta que forme ángulo recto con el cuerpo. La articulación de la rodilla quedará flexionada a unos 90°. Colocar los brazos lateralmente junto a las orejas y apoyar ligeramente la cabeza sobre las manos. Levantar el cuerpo adelante y arriba, hacia la pierna levantada. Intentar tocar la rodilla con el codo, pero sin hacer presión. A continuación, bajar el cuerpo hasta que quede cerca del suelo.

C 4: Encogimientos abdominales sobre una pierna con toque recto

 Medio

3 Colocarse en la posición de comienzo de un Encogimiento abdominal sobre una pierna y estirar verticalmente la pierna levantada. De esa forma la articulación de la rodilla se flexionará en un ángulo pequeño. Estirar verticalmente los brazos y levantar el tronco tan recto como sea posible hasta que al final del movimiento de subida se pueda tocar con ambas manos la punta del pie. A continuación, bajar lentamente el cuerpo hasta llegar cerca del suelo.

Grupos musculares secundarios que se activan

Flexor de la cadera (M. psoasilíaco), Extensor de la pierna
(M. cuádriceps)

C 5: Encogimientos abdominales con elevación sobre el cajón

 Básico

Un Encogimiento abdominal con las piernas en
elevación supone un ejercicio protector de la columna
vertebral, pues la espalda se descarga debido a la
posición algo agrupada de la pelvis. Además se acorta
el ángulo de trabajo debido a la reducción del brazo de
palanca de los discos intervertebrales. Por medio de
esta posición del cuerpo, la parte inferior de la
musculatura abdominal y el flexor de la cadera casi se
desconectan, de manera que la actividad muscular se
concentra en el ámbito de la musculatura recta
abdominal. Este ejercicio está indicado en especial a
principiantes que dispongan de poca experiencia en el
movimiento. Se puede incrementar la intensidad del
ejercicio sin más que dejar deslizar el cuerpo de la
superficie de apoyo y aumentar de esa forma la
extensión de las piernas. También se pueden colocar las
piernas, opcionalmente, sobre un apoyo más alto.

4 + 5 Tumbarse de espaldas en el suelo y colocar los
pies sobre un apoyo elevado de forma que las rodillas
queden, aproximadamente, en ángulo recto. Levantar y
bajar controladamente el tronco. Moverse de forma lenta
durante todo el ejercicio y no dejar caer completamente
el cuerpo durante el movimiento de bajada.

C 6: Encogimientos abdominales con elevación

 Básico

6 Tumbarse de espaldas en el suelo y levantar las
piernas. Las articulaciones de la rodilla quedarán
flexionadas a unos 90° y los muslos formarán ángulo
recto con el tronco. Colocar suavemente las manos a la

altura de las orejas o mantenerlas estiradas hacia arriba.
Subir ahora todo lo posible el tronco en vertical de modo
que toda la columna torácica se despegue del suelo.
A continuación, dejar bajar con control el cuerpo hasta
que quede cerca del suelo.

Consejo: Para aumentar la intensidad, al final del
movimiento subir la pelvis para que el cóccix se
despegue del suelo.

C 7: Encogimientos abdominales diamante con elevación

↕ ▬ ⚡ ♥ Básico

1 Tumbarse de espaldas en el suelo y adoptar la posición de comienzo de un Encogimiento abdominal con elevación. Separar las piernas 90° y hacer presión para juntar las plantas de los pies, con lo que se formará un triángulo con vértices en los pies y las articulaciones de las rodillas. Extender ahora los brazos en la misma dirección que las rodillas y levantar el tronco hacia delante y hacia arriba todo lo que se pueda, de forma que con las puntas de los dedos se puedan tocar las espinillas e incluso los talones. A continuación, bajar lentamente el tronco hasta que quede cerca del suelo. No se debe permitir que las piernas caigan, sino más bien hay que intentar que durante el ejercicio las articulaciones de las rodillas estén flexionadas en ángulo recto.

Comentario: En caso de que los músculos del cuello queden demasiado tensionados durante este ejercicio, pueden descargarse colocando de forma suave una o las dos manos a la altura de las orejas.

C 8: Encogimientos abdominales con toque recto elevado de las puntas de los pies

↕ ▬ ⚡ ♥ Medio

2 Este ejercicio es otra forma de ejecución del Encogimiento abdominal con elevación. Tumbarse de espaldas en el suelo, extender las piernas rectas hacia arriba y, durante el movimiento de subida del tronco, agarrarse los pies con ambas manos. Levantar el tronco tanto como se pueda hasta que las manos lleguen a tocar las puntas de los dedos de los pies.
La articulación de las rodillas quedará ligeramente flexionada. Intentar que la pelvis se despegue algo del suelo mientras se tocan los dedos de los pies.
A continuación, bajar lentamente el tronco hasta llegar cerca del suelo.

Consejo: Este ejercicio se puede ejecutar con las piernas estiradas-separadas; así formarán un ángulo recto con el tronco y se incrementará la amplitud del movimiento mientras las manos, colocadas hacia arriba, van en dirección a los talones.

C 9: Encogimientos abdominales con piernas abiertas cruzadas

↕ ▬ ✗ ♥ Medio

3 + 4 Adoptar la posición de comienzo de un Encogimiento abdominal y separar las piernas estirándolas hacia arriba. Después estirar los brazos hacia delante y activar el abdomen. Levantar el tronco hacia delante y pasar los brazos entre las piernas hasta que queden al nivel de las rodillas. Levantar de nuevo el tronco y cerrar las piernas durante el movimiento hacia arriba de forma que queden cruzadas. Pasar los brazos, ligeramente abiertos, de forma que queden entre las rodillas y a izquierda y derecha de ellas. Ejecutar continuamente estos cambios durante cada repetición.

5 **Consejo:** Se pueden introducir variaciones en este ejercicio a base de mantener las piernas abiertas y, mientras se practica el Encogimiento abdominal, pasar los brazos hacia delante, una vez entre las piernas y otra vez hacia arriba y por fuera de las puntas de los pies.

C 10: Encogimientos abdominales con piernas rectas

↕ ━ ∿ ♥ Medio

Dejar las piernas estiradas en el suelo durante el movimiento de un Encogimiento abdominal ejerce un gran contrapeso en el tronco. De esa forma se estira la cadena abdominal de músculos y se incrementa el ángulo de trabajo. Esta ejecución del Encogimiento abdominal resulta muy efectiva, pues los músculos se contraen de una forma más precoz e intensa. Además, las capas más profundas reaccionan mejor. Pero para poder trabajar de una forma que proteja la columna vertebral, este ejercicio debe ser ejecutado de forma absolutamente correcta, pues el largo brazo de palanca tiende a encorvar y enderezar excesivamente la espalda. La ejecución del Encogimiento abdominal con piernas rectas en esta u otras de sus variantes debe realizarse en línea recta hacia arriba y no inclinado hacia delante. De esa forma se protege a la columna vertebral frente a una curvatura excesiva.

1 + 2 Tumbarse de espaldas en el suelo con las piernas extendidas. Bascular la pelvis un poco hacia arriba y apretar la columna lumbar firmemente contra el suelo. Para poder fijar la columna vertebral basta con flexionar un poco las rodillas. Cruzar los brazos sobre el pecho o colocar suavemente las manos a la altura de las orejas. Mantener la vista recta hacia arriba y levantar ahora el tronco, lo más vertical posible, a unos 10 o 20 cm del suelo. A continuación bajarlo hasta llegar a unos 5 cm del suelo.

Consejo: Se puede incrementar la intensidad por medio de un Encogimiento abdominal por encima de la cabeza en el que se abre el ángulo brazos-tronco y, al levantar el tronco, se estiran ampliamente los brazos hacia atrás.

1

2

C 11: Bicicleta

↕ ▬ ⚡ ♥   Medio

3 + 4 Tumbarse de espaldas en el suelo con una pierna estirada hacia delante. Mantener esta pierna en el suelo y flexionar la otra acercándola al cuerpo. Colocar las manos junto a la cabeza, tocándola suavemente con los dedos a la altura de las orejas. Levantar ahora el tronco, tanto como se pueda hasta que ambos codos toquen brevemente la rodilla levantada. A continuación, descender y cambiar de pierna. Volver a realizar el ejercicio y hacer un cambio de pierna con cada repetición. También se puede, opcionalmente, hacer varias repeticiones con una de las piernas para luego pasar a la otra.

Consejo: Este ejercicio ofrece numerosas variaciones. Una de ellas, por ejemplo, estirar verticalmente hacia arriba la pierna superior y agarrar el talón con las manos al levantar el tronco. Otra variante: enderezarse tanto como se pueda durante el movimiento hacia arriba de forma que se pueda dar una palmada por detrás de la pierna levantada. La combinación de ambas variantes, es decir, agarrar primero el talón para luego dar la palmada, puede romper la monotonía del entrenamiento.

Se puede incrementar la intensidad del ejercicio añadiendo un peso extra, como puede ser una botella de agua.

3

4

C 12: Encogimientos abdominales en postura de barca

 Avanzado

Cuanto más cerca del centro del cuerpo se lleven las extremidades, más fáciles resultarán los ejercicios que impliquen a los músculos abdominales. Los largos brazos de palanca, reforzados en el empuje o la tracción por el peso propio de brazos o piernas, quedan neutralizados por la cercanía de las extremidades al centro de gravedad. De esa manera, tales ejercicios implican más bien a los grupos musculares superficiales (M. recto abdominal).

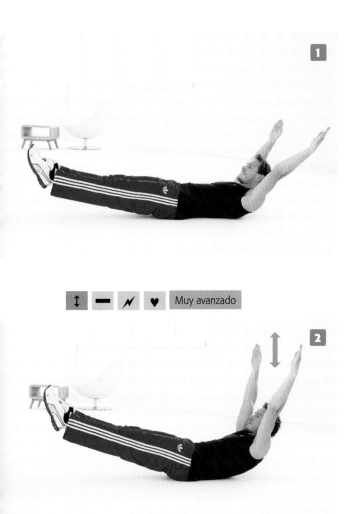

Muy avanzado

Si se prolongan conscientemente las palancas de brazos y piernas, llegarán a ejercer una gran fuerza sobre la musculatura abdominal. Para mantener la tensión, además de trabajar con la musculatura superficial hay que activar predominantemente las capas internas (M. transverso del abdomen). Uno de los ejercicios más complicados consiste en mantener de forma sostenida la denominada «postura de la barca». En este ejercicio la musculatura abdominal debe soportar, sin que la columna vertebral se levante del suelo, el peso de brazos y piernas, que se mantienen estirados y lo más lejos posible del centro del cuerpo.

1 Tumbarse de espaldas con las piernas estiradas hacia delante y los brazos también apoyados en el suelo y extendidos por detrás de la cabeza. Bascular la pelvis hacia atrás y presionar firmemente la columna lumbar de forma que quede bien apoyada en el suelo. No perder ese contacto a lo largo de todo el ejercicio. Ahora levantar de 5 a 10 cm tanto los brazos como el tórax. Mantener, además, los brazos estirados hacia atrás. En tal posición se percibirá una clara tensión en la musculatura del abdomen. Levantar las piernas de 20 a 30 cm. Ahora el cuerpo ha adoptado la «postura de la barca». En esta posición la columna lumbar siempre debe ejercer una firme presión contra el suelo. Mantener estáticamente la posición sin dejar el contacto con el suelo. Es frecuente que los deportistas inexpertos tengan demasiado débil la musculatura del abdomen y no puedan mantener la columna lumbar apoyada, en cuyo caso se puede facilitar el ejercicio levantando más las piernas hacia arriba o bien flexionando ligeramente las rodillas.

Consejo: Ejecutar un Encogimiento abdominal a partir de esta posición de forma que el tronco se eleve (ver imagen n.º 2). Hay que tener muy en cuenta que el tronco debe mantenerse en tensión durante todo el movimiento. A fin de disponer de mayor estabilidad, hay que presionar la columna lumbar firmemente contra el suelo.

C 13: Encogimientos abdominales en navaja de muelles

↕ ━ ✎ ♥ Muy avanzado

Aunque este ejercicio recibió duras críticas durante mucho tiempo, no cabe duda de que representa una de las formas más efectivas de trabajo con la musculatura abdominal. Las investigaciones de la ciencia deportiva han constatado que si se ejecuta correctamente no supone ningún problema para la columna. Sin embargo, solo lo deben realizar los deportistas más experimentados, a fin de evitar que una práctica incorrecta pueda sobrecargar en exceso la columna vertebral.

3 + 4 Adoptar la postura de la barca, estirar los brazos hacia atrás hasta que queden en prolongación de la columna vertebral y tensar firmemente el abdomen. Levantar las piernas estirándolas hacia delante hasta que queden cerca de la vertical y elevar simultáneamente el tronco, vértebra a vértebra, hasta poder tocar brevemente con las manos las puntas de los pies. A continuación bajar lentamente el cuerpo para regresar a la posición inicial.

Consejo: Para facilitar la ejecución, basta hacer el ejercicio hasta su amplitud media.

C 14: Encogimientos abdominales en tijeras

↕ ━ ✎ ♥ Medio

5 Tumbarse de espaldas en el suelo adoptando la postura de la barca y mantener las piernas levantadas unos 10 cm. Mover ahora rápidamente las piernas hacia arriba y abajo en un radio de 20 a 30 cm sin permitir que los pies toquen el suelo. Levantar simultáneamente el tronco y ejecutar un Encogimiento abdominal. Este ejercicio supone una exigencia elevada de coordinación. Mantener un ritmo uniforme entre el movimiento de tijeras de las piernas y la ejecución del abdominal.

C 15: Encogimientos abdominales laterales

Básico

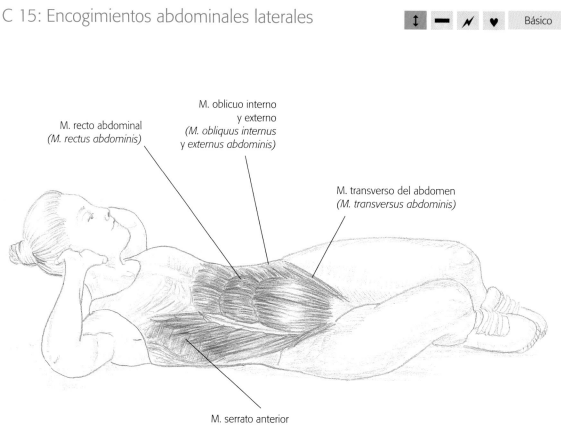

M. recto abdominal
(M. rectus abdominis)

M. oblicuo interno
y externo
*(M. obliquus internus
y externus abdominis)*

M. transverso del abdomen
(M. transversus abdominis)

M. serrato anterior
(M. serratus anterior)

Con la variación de la posición del tronco con respecto a las extremidades se consigue una modificación angular del eje longitudinal del cuerpo, que discurre en vertical desde la cabeza y la recorre entero. Girando lateralmente el tronco o las piernas alrededor de este eje se incrementan las exigencias sobre las zonas laterales de la musculatura del abdomen. Junto con sus múltiples variantes, el Encogimiento abdominal lateral representa un ejercicio básico para esta zona del cuerpo.

Consejo: Basta con dar un pequeño giro hacia fuera del tronco para transformar en un ejercicio para los músculos abdominales laterales cualquiera de los Encogimientos abdominales comentados en páginas anteriores.

Grupos musculares implicados

Agonistas primarios: M. recto abdominal, M. serrato anterior, M. oblicuo interno y externo.

Agonistas secundarios: M. transverso del abdomen.

Ejecución

Tumbarse de espaldas en el suelo con las piernas flexionadas.

Deslizar las piernas lateralmente hacia fuera girando al tiempo la pelvis.

El tronco se encuentra en paralelo al suelo y los brazos cruzados se colocan sobre el pecho o bien apoyados algo por detrás de la cabeza, a la altura de las orejas.

Levantar ahora el tronco de 20 a 30 cm hacia delante y hacia arriba, y espirar al mismo tiempo.

A continuación, bajar de nuevo con control el tronco hasta quedar cerca del suelo e inspirar lentamente. Mantenerlo siempre activado.

Fuentes de fallos

Las piernas siempre deben permanecer lateralmente junto al tronco y nunca estiradas.

No tirar nunca de la cabeza hacia arriba con las manos. Si se desea poner las manos detrás de la cabeza, dejar que descansen de forma pasiva y sin ejercer tracción.

Arquear la columna vertebral pero sin llegar a una curvatura extrema; no incorporarse demasiado. Se puede controlar, por medio del rango del movimiento, que el tronco solo se levante hasta la columna lumbar.

No hay que trabajar con excesivo ímpetu, sino solo a base de la contracción muscular.

C 16: Encogimientos abdominales con piernas cruzadas

↕ — ⚡ ♥ Básico

1 Tumbarse de espaldas en el suelo con las piernas flexionadas. Cruzar la pierna izquierda sobre la derecha. Colocar las manos suavemente a la altura de las orejas. Levantar ahora el tronco hacia delante y hacia arriba hasta que el codo derecho pueda tocar la rodilla izquierda. A continuación, bajarlo de nuevo con control hasta quedar cerca del suelo. Ejecutar varias veces el ejercicio con un lado y luego cambiar al otro.

C 17: Encogimientos abdominales con giro

↕ — ⚡ ♥ Medio

2 Este ejercicio se ejecuta desde una posición central estática. Tumbarse de espaldas en el suelo con las piernas flexionadas. Colocar las manos a la altura de las orejas o cruzar los brazos sobre el pecho. Levantar ahora el tronco unos 45° y mantener la espalda lo más recta posible. Empujar ligeramente hacia delante la columna vertebral lumbar y mantener la posición. A partir de esta, hacer giros alrededor del eje longitudinal con cambio constante a derecha e izquierda. Procurar que el giro sea tan amplio que los hombros queden en línea entre las rodillas.

C 18: Encogimientos abdominales laterales elevados

↕ — ⚡ ♥ Básico

3 Este ejercicio es parecido al Encogimiento abdominal con elevación. Ejecutarlo de la misma forma, pero durante el movimiento de encogimiento, hay que colocar los brazos a derecha e izquierda de las piernas. De esa manera se consigue una ligera rotación interior del tronco y se activa el trabajo de la musculatura abdominal lateral.

C 19: Encogimientos abdominales en círculo

↕ ― ⟋ ♥   Medio

4 - 6 Tumbarse de espaldas en el suelo con las piernas flexionadas, como en la posición del Encogimiento abdominal. Levantar ahora el tronco unos 10 cm y colocar las manos suavemente a la altura de las orejas. Girar el tronco de izquierda a derecha. Para ello, primero alargarlo lo más posible a la derecha y hacia fuera y, al final del movimiento de rotación, levantarlo un poco más hacia arriba. Durante los giros levantar el tronco unos 20 a 30 cm y volverlo a bajar tan pronto como se llegue al lado izquierdo. Hay que preocuparse de que los movimientos se produzcan con soltura y resulten «redondos». Durante todo el ejercicio el tronco nunca debe tocar el suelo. Se puede trabajar varias veces con un solo sentido de giro o bien cambiar de lado en cada repetición.

C 20: Encogimientos abdominales con plancha lateral

↕ ▬ ✦ ♥ Avanzado

1 Tumbarse de lado en el suelo en la postura de la barca. Tensar el abdomen y levantar del suelo las piernas estiradas. Adoptar una postura lateral que sea cómoda y elevar ahora el tronco de lado y hacia arriba, bajarlo de nuevo con control sin llegar a tocar el suelo.

En este ejercicio no hay que estar apoyado totalmente sobre el costado del cuerpo. Un ligero giro de lado es suficiente para que un glúteo se apoye en el suelo. Los brazos se pueden colocar flexionados detrás de la cabeza o bien en prolongación de la columna vertebral estirados hacia atrás. Con los brazos estirados se alarga la palanca y se rebaja el apoyo sobre el suelo, con lo que el ejercicio resulta aún más intensivo.

C 21: Vueltas de tortuga

↕ ▬ ✦ ♥ Avanzado

2 Esta variante del Encogimiento abdominal incluye el total de los movimientos parciales que activan el ámbito completo de la musculatura abdominal. Colocarse de espaldas sobre el suelo en la postura de Encogimiento abdominal y flexionar las piernas hacia arriba. Apoyar las manos suavemente detrás de la cabeza. Elevar ahora el tronco unos 20 a 30 cm y girarlo hacia el lateral.

3 + 4 Tumbarse de nuevo en el suelo y, a continuación, mover la pelvis hacia arriba y hacia afuera, en la misma dirección. Con ello se genera un movimiento circular. Realizar este ejercicio combinado durante el tiempo suficiente hasta conseguir girar 360°. Cambiar después la dirección. No hay que trabajar con gran impulso, sino solo con un pequeño movimiento hacia fuera del tronco y la pelvis.

C 22: Encogimientos abdominales en postura de barca y bicicleta

↕ — ✎ ♥ Avanzado

5 Este ejercicio combina dos que son muy efectivos para la musculatura abdominal. Tumbarse de espaldas en el suelo y adoptar la postura de la barca, tensar el abdomen y elevar algo las piernas y el tronco del suelo. Estirar bien los brazos hacia atrás.

Elevar ahora solo el tronco hacia delante-arriba y bajarlo de nuevo con control hasta casi tocar el suelo.

6 Llevar la pierna derecha flexionada en dirección al tronco y al mismo tiempo elevarse hacia delante y hacia arriba con los brazos flexionados.

Tocar con el codo izquierdo la rodilla derecha. Mientras tanto la pierna izquierda queda estirada y elevada sobre el suelo. Llevar a cabo después un Encogimiento lateral en postura de barca y a continuación cambiar a uno en su variante de bicicleta, en esta ocasión con la otra pierna. La columna lumbar debe estar siempre apoyada contra el suelo y hay que evitar una lordosis.

C 23: Extensión de piernas (tumbado)

Básico

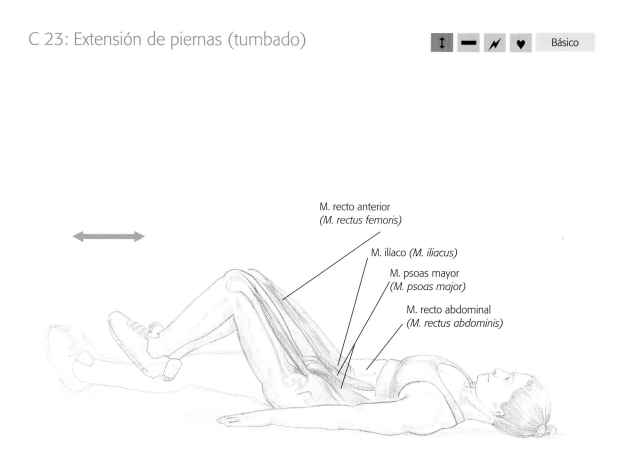

M. recto anterior
(*M. rectus femoris*)

M. ilíaco (*M. iliacus*)

M. psoas mayor
(*M. psoas major*)

M. recto abdominal
(*M. rectus abdominis*)

La musculatura abdominal inferior se activa casi exclusivamente en combinación con los flexores de la cadera. Entre estos están el M. recto anterior, así como el M. psoas mayor y el M. ilíaco. Estos músculos se reunen formando el M. psoasilíaco. Este grupo muscular permite el estiramiento de la pierna o la flexión activa de la cadera. Para desplazar aún más el grado de efectividad de la musculatura transversa, así como de la inferior, se debe prolongar el brazo de palanca de la pierna. Un ejercicio típico es la Extensión de piernas (tumbado).

Grupos musculares implicados

Agonistas primarios: M. psoasilíaco, M. recto anterior.

Agonistas secundarios: M. transverso del abdomen.

Ejecución

Tumbarse de espaldas en el suelo con las piernas flexionadas y rotar la pelvis para presionar la columna lumbar firmemente hacia abajo.

Apoyarse sobre los brazos, colocados junto al cuerpo, y sobre el suelo.

Extender ahora las dos piernas hacia delante hasta que los talones estén a unos 10 cm del suelo.

Flexionar después las piernas y regresar a la posición inicial.

Consejo: Para no tensar los músculos del cuello, apoyar la cabeza relajadamente sobre el suelo o en un cojín o una toalla enrollada.

Fuentes de fallos

Durante todo el movimiento tener muy en cuenta que la columna lumbar permanezca apoyada en el suelo.

En caso de que la intensidad sea demasiado elevada, no hay que estirar las piernas totalmente o bien no bajarlas demasiado en dirección al suelo.

Mantener siempre en tensión la musculatura superior del abdomen.

C 24: Elevación de piernas (tumbado)

‖ ▬ ⚡ ♥　Medio

1 + 2 Este ejercicio es una continuación de la Extensión de piernas (tumbado) incrementado la intensidad. Tumbarse de espaldas sobre el suelo y extender las piernas en vertical hacia arriba. Colocar las manos lateralmente en el suelo junto a los glúteos y abrir el ángulo pierna-tronco. Bajar las piernas estiradas hasta casi tocar el suelo y levantarlas de nuevo hasta llegar a la posición inicial. La espalda siempre debe mantenerse bien apoyada en el suelo. Para aumentar la intensidad, no hay que elevar las piernas hasta los 90°, sino detenerse un poco antes. Con ello se mantiene siempre la activación del abdomen.

Consejo: En caso de que no se pueda mantener la columna lumbar en contacto con el suelo, hay que colocar las manos debajo de los glúteos para desplazar un poco la pelvis hacia atrás. Otra alternativa es realizar el ejercicio con una pierna. Para ello solo hay que bajar una pierna mientras que la otra se mantiene arriba.

C 25: Encogimientos abdominales reversos

‖ ▬ ⚡ ♥　Básico

3 Tumbarse en el suelo de espaldas con las piernas flexionadas y apoyar los brazos lateralmente pegados al cuerpo. Elevar ahora la pelvis del suelo y mover las rodillas hacia la caja torácica. Acercar lo más posible las

rodillas al cuerpo de forma que toquen el pecho o incluso los hombros. A continuación, hacer descender la pelvis hasta llegar cerca del suelo. Este movimiento implica básicamente la zona inferior de la musculatura abdominal, incluyendo el suelo pélvico.

C 26: Vela

↕ ━ ⚡ ♥   Medio

4 + 5 Este ejercicio se realiza de forma semejante al Encogimiento abdominal reverso. Colocarse de espaldas sobre el suelo, elevar las piernas y estirarlas del todo. Separar la pelvis del suelo y, después, acercarla al cuerpo. Al mismo tiempo, estirar por completo las piernas hasta llegar a una «postura de la vela». Intentar que el ángulo pierna-tronco se abra tanto como sea posible. En la posición final la parte superior de la espalda debe estar apoyada en el suelo. Regresar lentamente hasta la postura inicial.

Consejo: Este ejercicio también se puede ejecutar hasta la mitad de su rango, a base de elevar la pelvis solo unos 20 cm del suelo y no estirar por completo las piernas. Para activar adicionalmente la musculatura lateral del tronco, los brazos se pueden estirar hacia atrás y sujetarse a un objeto estable (por ejemplo, un armario, un radiador o unas espalderas).

C 27: Postura en V sentado

‡ ▬ ⚡ ♥ Medio

1 + 2 Sentarse en el suelo con las piernas flexionadas y apoyar las manos lateralmente junto al cuerpo. Tensar el abdomen y elevar los pies de 10 a 20 cm. Estirar ahora las piernas hacia delante y después regresar a la posición inicial. Durante el ejercicio no se deben estirar por completo las rodillas. La espalda debe mantenerse recta en todo momento. Hay que evitar que la espalda se incurve.

Consejo: Este ejercicio también se puede realizar, de forma alternativa, con cada una de las piernas. El desplazamiento de la posición del cuerpo hacia fuera obliga a que el centro de gravedad se sitúe sobre la zona lateral de la musculatura abdominal.

Músculos secundarios implicados

M. recto abdominal, M. serrato anterior, M. oblicuo interno y externo.

C 28: Postura en V

‡ ▬ ⚡ ♥ Avanzado

3 + 4 Este ejercicio es la variante más complicada de la Postura en V sentado. En lugar de comenzar desde una posición sentada con las piernas flexionadas, hay que estirar algo más las piernas, que se mantienen de 10 a 20 cm por encima del suelo y se elevan hacia delante y hacia arriba. Al mismo tiempo, hay que alzar el tronco en dirección a las piernas. Este movimiento hace adoptar una posición final en forma de V creada por el tronco y las piernas estiradas. Descender a la posición de partida. Nunca hay que apoyar del todo las piernas sobre el suelo. Tener muy en cuenta que la espalda se mantenga recta y en el movimiento hacia arriba se presione ligeramente hacia delante.

Consejo: Se puede elevar la intensidad eliminando el soporte de las manos en el suelo; colocar estas detrás de la cabeza o cruzadas en el pecho.

C 29: Encogimiento de rodillas sentado

↕ ▬ ⚡ ♥ Avanzado

5 Sentarse en una silla y apoyar las manos sobre el asiento, a ambos lados del cuerpo. Elevar el cuerpo de 5 a 10 cm, de tal modo que este quede suspendido sobre la silla sin tocarla. Levantar ahora las rodillas hasta que toquen la caja torácica. Bajar las piernas hasta que queden cerca del suelo.

Músculos secundarios implicados

M. pectoral, M. recto abdominal.

Consejo: Para que en este ejercicio se implique también la musculatura abdominal lateral, al levantamiento de las piernas se pueden añadir unos movimientos circulares hacia fuera y arriba.

C 30: Escuadra

↕ ▬ ⚡ ♥ Muy avanzado

6 Sentarse sobre el suelo en posición de L. Las piernas quedarán estiradas hacia delante y el tronco formará ángulo recto con respecto a los muslos. Apoyar las manos lateralmente sobre el suelo y hacer presión hacia arriba con los glúteos y las piernas de manera que todo el cuerpo quede suspendido en el aire. Mantener esta postura estática y tener muy en cuenta que la espalda se mantenga recta.

Consejo: En esta posición se pueden bajar y subir las piernas para incrementar la intensidad.

C 31: Plancha frontal con apoyo de antebrazos

Básico

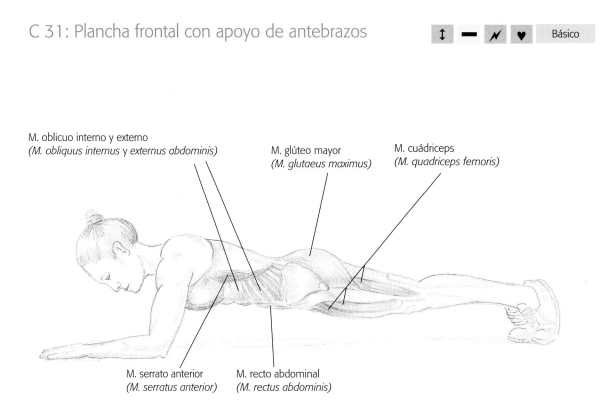

M. oblicuo interno y externo
(*M. obliquus internus* y *externus abdominis*)

M. glúteo mayor
(*M. glutaeus maximus*)

M. cuádriceps
(*M. quadriceps femoris*)

M. serrato anterior
(*M. serratus anterior*)

M. recto abdominal
(*M. rectus abdominis*)

La musculatura del tronco constituye el núcleo de nuestro cuerpo. Además de las notabilísimas tareas de movilidad, la totalidad de los músculos de esta región corporal central llevan a cabo importantes funciones de apoyo y estabilización. En ello no solo se implican de forma aislada una serie de músculos independientes, sino que se produce la acción conjunta de diversos grupos musculares. Por este motivo los denominados ejercicios *core* no solo van dirigidos a la región de la musculatura abdominal, sino que activan toda la musculatura central. En ella encontramos, junto a los músculos abdominales, toda la musculatura glútea (M. glúteo mayor, medio y menor), pero también parte de los muslos y los extensores de la espalda, así como la musculatura lateral de la espalda y de las costillas.

Las planchas frontales, tanto las de antebrazos como las estáticas, son los típicos ejercicios que se utilizan

para entrenar toda esta musculatura. Gracias a las variantes realizadas de frente, de espaldas y de lado, se activan preferentemente regiones especiales, aunque siempre se implica toda la musculatura central. Un ejercicio básico es la denominada Plancha frontal con apoyo sobre los antebrazos.

Grupos musculares implicados

Agonistas primarios: M. recto abdominal, M. transverso del abdomen, M. oblicuo interno, M. oblicuo externo y M. serrato anterior.

Agonistas secundarios: M. psoasilíaco, M. glúteo mayor, M. cuádriceps.

Ejecución

Tumbarse en el suelo apoyándose en los antebrazos.

Las palmas de las manos y los antebrazos deben quedar con toda su superficie en contacto con el suelo.

Los brazos forman ángulo de 90° tanto con el tronco como con el suelo.

Desplazar las pelvis hacia atrás, mantener la espalda recta y mover ligeramente la columna lumbar hacia arriba para generar una reserva de movimiento.

Consejo: Para aumentar la intensidad, el ejercicio se puede realizar con una pierna o con un brazo. Otra variante del ejercicio es el apoyo en diagonal a base de estirar el brazo izquierdo hacia delante y la pierna derecha hacia atrás (ver la fotografía inferior).

Fuentes de fallos

Mantener siempre un ángulo de 90° entre el brazo y el antebrazo así como entre el brazo y el tronco.

No hay que dejarse caer hacia abajo, sino impulsar la columna dorsal activamente hacia arriba con un ligero redondeo de la espalda. Tensar el abdomen y llevar la pelvis hacia atrás.

↕ ▬ ⚡ ♥ Avanzado

C 32: Plancha frontal con rodilla levantada

 Medio

1 Adoptar una postura de apoyo sobre los antebrazos, levantar una pierna del suelo y, flexionada, llevarla lateralmente en dirección al hombro.

Consejo: También se puede llevar la pierna estirada hacia el hombro e incrementar de esa forma la intensidad del ejercicio.

C 33: Plancha deslizante en V

 Avanzado

2 + 3 Adoptar una postura de fondo o apoyado sobre los antebrazos y colocar una superficie resbaladiza debajo de los pies. Deslizarse, con las piernas estiradas, hacia el tren superior y elevar la pelvis hasta adoptar una posición en V. Abrir de nuevo el ángulo pierna-tronco y deslizarse hacia atrás para volver a la posición de partida.

Consejo: Se puede aumentar la intensidad a base de dejarse deslizar aún más hacia atrás y de esa forma

abrir ligeramente el ángulo brazo-tronco. Hay que mantener una firme tensión corporal y no dejarse caer. De forma alternativa, este ejercicio también se puede ejecutar con una sola pierna.

C 34: Plancha lateral con rotación

 Avanzado

4 + 5 Adoptar la postura de apoyo lateral en el antebrazo. Colocar la pierna superior en el suelo, delante de la inferior. Estirar el brazo superior al frente y mantener la columna vertebral en línea recta. Luego, rotar hacia dentro y abajo y sujetar con la mano superior, por debajo del cuerpo, el hombro contrario. Al mismo tiempo también rotarán la pelvis y las piernas. Después girar en sentido contrario hasta volver a la posición inicial.

Consejo: Este ejercicio también se puede realizar cambiando de lado: apoyar el brazo activo sobre el suelo justo después de la rotación interna y cambiar al lado contrario. Continuar realizando el movimiento de giro hacia abajo y abrir el cuerpo hacia el otro lado para llegar a la posición inicial.

Tren superior: tórax, hombros y tríceps

Anatomía

Los tres grupos musculares del tórax, hombros y extensor del brazo ejercen siempre una acción conjunta en los típicos ejercicios de empuje y forman una síntesis del movimiento. Por este motivo, estos tres grupos musculares se reúnen en una misma categoría, ya que la mayoría de los ejercicios de empuje con el propio peso del cuerpo implican simultáneamente a estos músculos.

La base de estos movimientos es el fondo clásico. Durante el movimiento de descenso los brazos se flexionan a base del trabajo muscular excéntrico del M. tríceps braquial. Paralelamente, el M. pectoral mayor, el menor y el M. deltoides producen un trabajo excéntrico hacia fuera y abajo. En el movimiento hacia arriba estos tres grupos musculares vuelven a tener un efecto común concéntrico. Durante todo el movimiento la musculatura abdominal mantiene el cuerpo en tensión y evita que se desplace hacia el suelo. Por ese motivo, en muchas de las variantes de estos ejercicios también tiene lugar el entrenamiento del tronco.

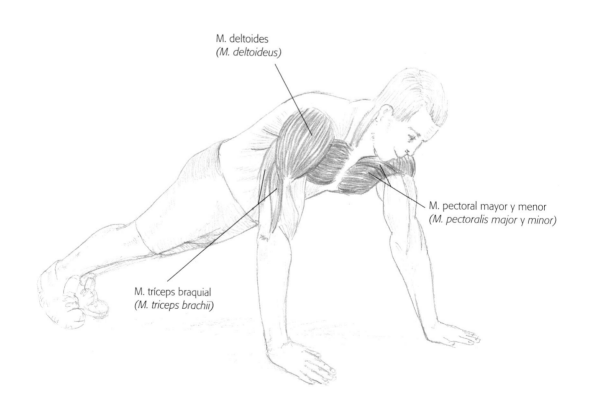

M. deltoides
(*M. deltoideus*)

M. pectoral mayor y menor
(*M. pectoralis major* y *minor*)

M. tríceps braquial
(*M. triceps brachii*)

Ejercicios y grupos musculares

Según sea la posición corporal, la postura de los brazos y la modificación del punto de gravedad, con los típicos ejercicios de empuje se pueden entrenar de forma predominante unos grupos musculares seleccionados. Para ilustrar este punto se han tomado como ejemplo los fondos, debido a que suponen la base de casi todos los ejercicios de este capítulo.

■ Elevación de las piernas = centro de gravedad sobre los hombros, es decir la parte superior del pecho.

■ Elevación del cuerpo = centro de gravedad sobre el pectoral mayor y parte inferior del pecho.

■ Apoyo ancho = centro de gravedad sobre el pectoral mayor y menor.

■ Apoyo estrecho = centro de gravedad sobre el tríceps.

Clasificación de los ejercicios

En las siguientes páginas se presenta una gran variedad de ejercicios de apoyo con sus correspondientes variantes; todos identificados con la nomenclatura «S» (tren Superior). Para disponer de un mejor resumen, los ejercicios se van a clasificar de acuerdo con los grupos musculares que se vean implicados:

I: **Musculatura del pecho.** M. pectoral mayor y menor

II: **Musculatura de los hombros.** M. deltoides

III: **Tríceps/extensor del brazo.** M. tríceps braquial

COMENTARIO

Es especialmente importante la correcta postura del cuerpo que ya se ha descrito en el capítulo «Zona media (*core*)», a partir de la página 86. Al bascular la pelvis hacia delante se genera una limitación de movimiento y se tensa firmemente la musculatura del tronco. De esta forma los esfuerzos son contrarrestados por los discos intervertebrales que llegan a padecer una creciente sobrecarga a causa de la intensa curvatura. Además, hay que tener en cuenta que durante los ejercicios siempre hay que adoptar un apoyo activo y evitar el pasivo, como podría ser el descenso de los hombros.

S 1: Fondo de brazos

 Medio

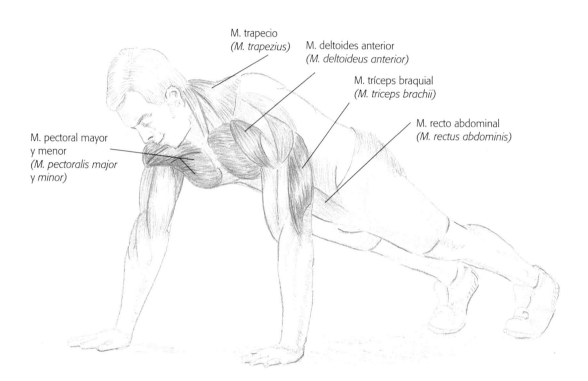

M. trapecio
(*M. trapezius*)

M. deltoides anterior
(*M. deltoideus anterior*)

M. tríceps braquial
(*M. triceps brachii*)

M. recto abdominal
(*M. rectus abdominis*)

M. pectoral mayor
y menor
(*M. pectoralis major*
y *minor*)

Los fondos suponen uno de los ejercicios más variados y efectivos que se pueden practicar con el propio peso corporal. Gracias a la multitud de posibilidades de variación, se pueden implicar regiones corporales específicas. Además los fondos ofrecen alternativas de ejecución para todos los niveles de rendimiento.

El fondo básico se realiza con una posición de manos paralelas y algo más separadas que la anchura de los hombros. Todo el tronco se mantiene en tensión de tal forma que la columna vertebral forme una línea recta que va desde la cabeza hasta el cóccix. Para evitar un desplome del cuerpo hacia abajo, la pelvis se lleva activamente hacia atrás y se adopta una postura ligeramente incurvada de la columna lumbar. La mirada se dirige ligeramente hacia delante-abajo en dirección al suelo, de forma que las cervicales no queden sobrecargadas en exceso.

Consejo: Casi todas las variantes de los fondos se pueden realizar también con una sola pierna. Con ello se eleva la dificultad y la musculatura del tronco debe trabajar de forma más intensa. Es necesario probar las distintas variantes con una pierna, pues aportan muchos cambios al entrenamiento.

Grupos musculares implicados

Agonistas primarios: M. pectoral mayor y menor, Extensor del brazo (M. tríceps braquial), parte anterior del hombro (M. deltoides anterior).

Agonistas secundarios: M. trapecio, M. recto abdominal, M. deltoides medio y posterior.

Ejecución

Adoptar la postura de fondo con un apoyo algo más abierto que la distancia entre los hombros y las manos paralelas. Las piernas quedan abiertas a la anchura de las caderas o bien cerradas por completo.

Tensar la parte superior del cuerpo y los glúteos y llevar la mirada hacia delante y abajo.

Flexionar los brazos y llevar los codos oblicuamente hacia fuera. Bajar con control el cuerpo hasta que la línea formada por el abdomen, el tórax y la barbilla queden en una línea suspendida sobre el suelo. A continuación, estirar de nuevo los brazos y elevarse.

Consejo: Al principio también es posible realizar el ejercicio apoyando las rodillas. Con ello se facilita su ejecución. Si se separan las piernas, se consigue una intensidad media, pues se reparte el centro de gravedad, y en el ejercicio resulta más sencillo.

Fuentes de fallo

No hay que llevar la barbilla al pecho, sino dejarla en línea recta con la columna vertebral.

No dejarse caer; en su lugar, adoptar una posición del tronco que sea firme y ligeramente presionada hacia abajo.

No hay que dejarse caer pasivamente sobre los hombros, sino que es necesario adoptar un apoyo activo en el que los hombros presionan hacia abajo y se genera mucha más tensión sobre la caja torácica.

S 2: Fondo de brazos con el tronco en elevación

↕ ▬ ⟋ ♥   Básico

1 Apoyarse sobre una elevación, como un escalón, una silla o un cajón, para disminuir la intensidad. Flexionar los brazos y bajar con control el cuerpo hacia abajo, luego presionar para regresar a la posición inicial. Cuanto más elevada sea la posición de apoyo, más sencilla será la ejecución.

S 3: Fondo de brazos con los pies en elevación

↕ ▬ ⟋ ♥   Avanzado

2 + 3 El ejercicio de fondos se hace más complicado cuando se colocan las piernas sobre una elevación y los fondos se ejecutan hacia abajo. Con ello se implica la parte superior de la musculatura del pecho. Cuanto más altas estén las piernas, más complicado resultará el ejercicio y por tanto más intensa será la solicitación de la musculatura de los hombros.

Consejo: Se pueden apoyar los pies en una pared y subirlos cada vez más.

Músculos secundarios implicados

Hombros (M. deltoides).

S 4: Fondo de brazos con apoyo amplio

↕ ▬ ⟋ ♥   Medio

4 En esta variante los brazos están separados 2 o 3 palmos más que la anchura de los hombros. Según el estado de rendimiento del deportista, esa separación de brazos puede ser incluso superior. Para proteger las muñecas, las palmas de las manos deben quedar giradas hacia fuera. Debido a la postura abierta de los brazos, en este ejercicio se implica principalmente la zona externa de la musculatura del tronco.

S 5: Fondo japonés

↕ ▬ ✦ ♥ Avanzado

5 - 7 Adoptar una postura de fondo y presionar hasta obtener un apoyo en V elevado a base de abrir el ángulo brazo-tronco y elevar los glúteos tanto como se pueda. Mantener las piernas tan estiradas como se pueda y flexionar solo los brazos.

Bajar con control el cuerpo, deslizar todo el tronco hacia adelante y a continuación regresar, hacia arriba y atrás, a la posición inicial. Se realiza por tanto un fondo circular que va de arriba-atrás a delante-abajo.

Consejo: Esta variante también se puede realizar hacia atrás, desde delante-abajo hacia atrás-arriba.

S 6: Fondo de brazos en diagonal

↕ ▬ ✦ ♥ Medio

8 Ejecutar un fondo normal, pero con las manos desplazadas en el suelo, una de ellas a la altura del hombro y la otra apoyada a la altura del pecho. Se puede realizar el ejercicio varias veces sobre el mismo lado o bien con un cambio continuo de lado.

Consejo: Este ejercicio es especialmente apropiado para saltos elásticos alternados y pliométricos. Hay que presionar tanto sobre el suelo que, después del movimiento hacia arriba, se pueda realizar un cambio de mano en el aire. El aterrizaje siempre debe ser suave a base de flexionar los brazos de modo controlado.

S 7: Fondo con un brazo en elevación

 Avanzado

1 Para desplazar el centro de gravedad a un lado del cuerpo, se puede realizar el fondo con un solo brazo. Dado que esta variante es muy complicada, hay que comenzar colocando una mano sobre una elevación y apoyando la otra en el suelo. Para la elevación es necesario utilizar un cojín duro, una toalla doblada varias veces o bien un peldaño de escalera. Realizar el fondo de forma que durante la flexión el cuerpo se apoye sobre el brazo inferior.

Consejo: Este ejercicio es especialmente apropiado para saltos elásticos alternados y pliométricos. Hay que presionar tanto sobre el suelo que, después del movimiento hacia arriba, se pueda realizar un cambio de mano en el aire. Esto funciona exclusivamente si se dispone de suficiente espacio a ambos lados. Esta variante es irrealizable en caso de utilizar un peldaño de escalera.

S 8: Fondo Spiderman

 Avanzado

2 Al flexionar en un fondo clásico, ejecutar adicionalmente un *knee lift* (Elevación de rodillas) en dirección al hombro. En la posición de flexión más baja, intentar tocar el hombro con la rodilla. A continuación, presionar de nuevo hacia arriba y cambiar a la otra pierna.

Consejo: Se puede incrementar la intensidad de este ejercicio si, al flexionar los brazos, se lleva la pierna estirada en dirección al hombro. Esta forma de ejecución está clasificada como muy difícil.

S 9: Escalador

 Medio

3 + 4 Este ejercicio combina un fondo clásico con elevaciones de rodilla en dirección al cuerpo, que deben hacerse con apoyo de la mano. Colocarse en la posición inicial de un fondo y ejecutar de 2 a 4 repeticiones alternas llevando de una forma explosiva la rodilla hacia el cuerpo. A continuación, flexionar y realizar un fondo. Ejecutar esta combinación de ejercicios de forma cíclica y sin pausas.

S 10: Fondo de brazos y salto con piernas abiertas lateralmente

Medio

5 + 6 Comenzar esta variante a partir de la posición clásica de fondo. Flexionar los brazos y realizar un fondo. Durante el movimiento, separar y abrir las piernas de forma ininterrumpida intentando que el movimiento sea lo más dinámico posible; debe ejecutarse con leves contactos de los antepiés con el suelo.

Consejo: En caso de que los saltos con las piernas abiertas permanentemente resulten demasiado intensivos, durante la flexión de los brazos se puede simplificar el ejercicio realizando un fondo y, a continuación, un salto de apertura de piernas. Otra posible simplificación del ejercicio supone el mantenimiento estático del fondo con una apertura aislada de las piernas como único componente dinámico del ejercicio.

S 11: Fondo pliométrico de brazos

↕ ▬ ⌁ ♥ Avanzado

1 Desde una postura de fondo clásico, elevarse de forma tan explosiva que las manos se retiren durante un instante del suelo. Durante esta fase de vuelo, intentar tocarse los hombros con los dorsos de las manos. A continuación, aterrizar suavemente sobre el suelo y descender de forma controlada.

Consejo: Este ejercicio se puede hacer más complicado a base de, durante el vuelo, dar una palmada por delante del cuerpo o incluso por detrás de la cabeza.

S 12: Fondo de brazos con desplazamiento lateral

↕ ▬ ⌁ ♥ Avanzado

2 Para realizar esta variante, adoptar una postura de fondo baja, es decir, colocarse en la posición flexionada de un fondo. Los brazos deben estar algo más abiertos que el ancho de los hombros y las puntas de los dedos giradas hacia fuera. Desplazar ahora el cuerpo sobre un brazo de forma que este se flexione al máximo y el otro quede estirado.

En esta postura, cambiar de un lado al otro. Intentar mantenerse lo más cerca posible del suelo y no tender a ir hacia arriba. El movimiento debe suceder de forma fluida de derecha a izquierda.

S 13: Fondo de brazos en T

↕ ▬ ⚡ ♥ Avanzado

3 + 4 En esta variante se combina un fondo clásico con una plancha oblicua. Comenzar en la posición inicial y ejecutar un fondo. Tras el movimiento de descenso, el peso corporal se desplaza hacia un lado y el cuerpo gira hacia fuera hasta adoptar la posición de plancha oblicua. El brazo superior se estira en vertical hacia arriba y el brazo inferior se encarga de sujetar el cuerpo. Realizar este ejercicio alternando los lados.

Consejo: Se pueden ampliar algo más este ejercicio rotando toda la parte superior del cuerpo hacia dentro (ver foto 5). Intentar tocar con el brazo superior el hombro inferior a base de girar todo el tronco. Regresar después a la postura del fondo y continuar con este.

5

3

4

S 14: Empuje de hombros/Empuje hacia atrás

Medio

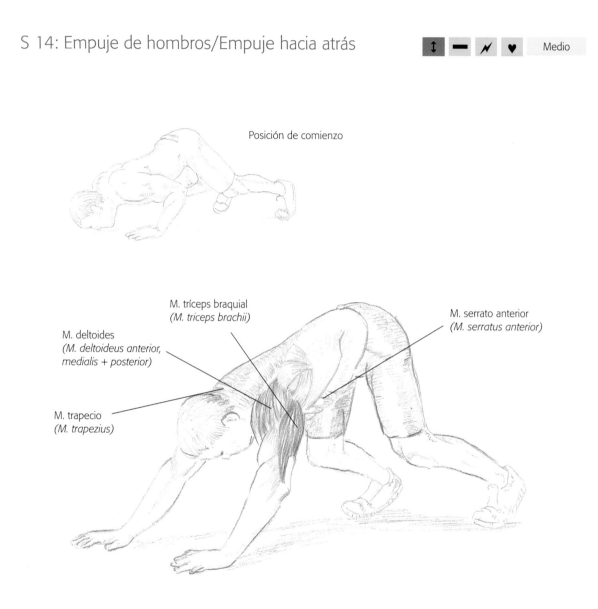

Posición de comienzo

M. tríceps braquial
(M. triceps brachii)

M. serrato anterior
(M. serratus anterior)

M. deltoides
(M. deltoideus anterior,
medialis + posterior)

M. trapecio
(M. trapezius)

El denominado Empuje de hombros supone una variación muy adecuada del fondo elevado. Para conseguir implicar en este ejercicio de forma efectiva a la musculatura de los hombros, el centro de gravedad del movimiento de descenso debe situarse hacia atrás-arriba. Además, hay que tener muy en cuenta que el ángulo brazo-tronco se mantenga lo más abierto posible durante todo el movimiento de extensión.

Grupos musculares implicados

Agonistas primarios: M. deltoides anterior, medio y posterior, M. tríceps braquial.

Agonistas secundarios: M. pectoral mayor y menor, M. trapecio, M. serrato anterior.

Ejecución

Adoptar un apoyo en V a base de colocar las manos
y los pies sobre el suelo y elevar las caderas.
Es necesario flexionar ligeramente las piernas.

Flexionar ahora los brazos en la mayor medida posible
hasta que la cabeza se sitúe muy pegada al suelo.

Estirar con fuerza los brazos y llevar el tronco hacia
arriba y atrás.

Durante todo el ejercicio hay que mantener muy abierto
el ángulo brazo-tronco y el apoyo en V, es decir,
también hay que sostener la flexión de caderas hacia
arriba. Intentar que la pelvis, la columna vertebral y los
brazos se muevan en la misma línea durante todo el
ejercicio de elevación y descenso. De esa forma,
la exigencia recaerá básicamente sobre la musculatura
de los hombros.

Fuentes de fallos

Dejar siempre muy abierto el ángulo brazo-tronco.

Mantener el apoyo en V y presionar los glúteos hacia
arriba.

En el movimiento de elevación, presionar hacia atrás-
arriba y no solo hacia arriba.

No confundir este ejercicio con un Fondo de brazos en
posición carpada (S 15). El movimiento de ese ejercicio
se ejecuta con una pierna estirada hacia arriba, mientras
que el actual se debe ejecutar con las piernas
flexionadas hacia atrás.

S 15: Fondo de brazos en posición carpada

 Avanzado

1 + 2 A partir de un apoyo en V abrir tanto el ángulo brazo-tronco que los brazos formen una línea recta con la columna vertebral. Presionar los glúteos lo más posible hacia arriba e intentar mantener las piernas estiradas. Ahora, flexionar los brazos y bajar con control el tronco con la cara mirando al suelo. A continuación, presionar y regresar a la posición inicial.

Consejo: Este ejercicio se puede simplificar a base de abrir mucho las piernas en la posición inicial. La dificultad se incrementa si se realiza con una sola pierna. Para ello hay que estirar hacia arriba la pierna elevada tanto como sea posible.

S 16: Fondo de brazos en posición carpada con los pies elevados

 Avanzado

3 Colocar los pies sobre una superficie situada a la altura de la rodilla o de la cadera y apoyarse inclinado con las manos en el suelo. Presionar los glúteos hacia arriba, de forma semejante al apoyo en V a fin de que se abra el ángulo brazo-tronco. Flexionar después los brazos y bajar con control el tren superior con la cara dirigida al suelo. Presionar de nuevo hacia arriba para regresar a la posición inicial.

Consejo: En caso de que esta variante sea muy complicada, se puede ejecutar con apoyo de rodillas. La intensidad también se puede incrementar a base de estirar una pierna hacia arriba en prolongación de la columna vertebral.

S 17: Fondo de brazos con pino contra la pared

 Muy avanzado

Esta forma de ejecución de Empuje de hombros así como de Fondos supone el escalón más complicado e intensivo. Es recomendable comenzar despacio y no adoptar desde el principio una postura de pino contra la pared que sea totalmente vertical.

4 + 5 Colocarse frente a una pared y, con cuidado, adoptar la postura del pino. Los pies quedan apoyados contra la pared adoptando una postura estable sin perder el equilibrio. Flexionar ahora los brazos y descender todo el tren superior. A continuación presionar hacia arriba y volver a la postura del pino.

Consejo: Como alternativa, esta postura del pino se puede mantener solo de forma estática sin hacer que descienda el cuerpo.

6 Como variante de este ejercicio, colocarse, o bien flexionado por la articulación de la cadera y los pies apoyados en la pared, o en posición de pino sobre una sola pierna, apoyando el pie de la otra pierna contra la pared.

S 18: Extensiones de tríceps/Fondos de tríceps

Medio

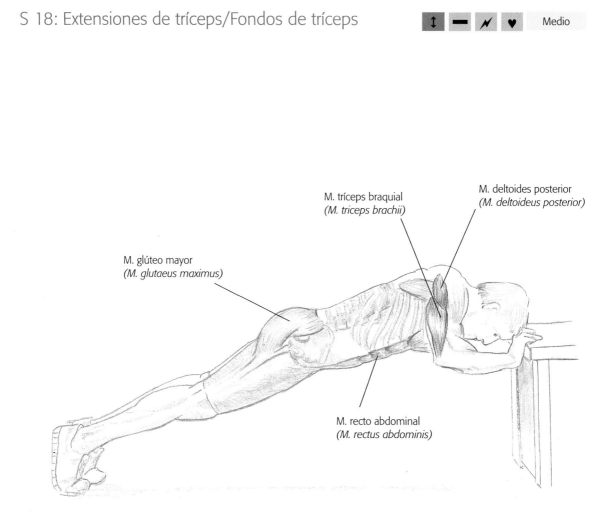

M. glúteo mayor
(M. glutaeus maximus)

M. tríceps braquial
(M. triceps brachii)

M. deltoides posterior
(M. deltoideus posterior)

M. recto abdominal
(M. rectus abdominis)

Un ejercicio típico para el tríceps es la Extensión de brazo en una posición de flexión estrecha. Ya se ha comentado que el tríceps se activa en todas las variantes de fondos. Sin embargo, la carga máxima tiene lugar en una flexión de la articulación del codo realizada hacia atrás. Con ello, el tríceps trabaja al máximo debido a la descarga de la musculatura del pecho y los hombros.

Grupos musculares implicados

Agonistas primarios: Extensor del brazo (M. tríceps braquial).

Agonistas secundarios: M. pectoral mayor y menor, M. glúteo mayor, M. recto abdominal, porción delantera del hombro (M. deltoides anterior).

Ejecución

Adoptar una postura de fondo con el tren superior en elevación a base de apoyarse en una silla, banco o peldaño.

Colocar los brazos firmes pegados al cuerpo y flexionar los codos hacia atrás, no hacia fuera.

Mantener durante toda la flexión un ángulo de 90° entre el brazo y el cuerpo. Por lo tanto, flexionar solo la articulación del codo y no la zona de los hombros.

Bajar con control el tronco hasta el apoyo y, a continuación, presionar de nuevo hacia arriba.

Fuentes de fallos

Flexionar los codos hacia atrás y no hacia fuera.

La articulación del codo permanece siempre en la misma postura. No debe haber flexión en los hombros. Mantener durante todo el ejercicio el brazo en ángulo recto con respecto el tronco.

Nunca hay que dejar que la columna vertebral se descuelgue hacia abajo.

S 19: Fondo de brazos esfinge

‡ ▬ ◩ ♥ Avanzado

1 + 2 Colocarse sobre el suelo en posición de apoyo sobre antebrazos, de manera semejante a una esfinge. Las puntas de los dedos señalan en paralelo hacia delante. Desplazar ahora la presión sobre la palma de las manos y empujar el cuerpo hacia arriba hasta adoptar la postura del fondo. El peso corporal permanece desplazado hacia atrás de forma que se mantiene permanentemente un ángulo de 90° entre el brazo y el tronco. A continuación, flexionar los brazos y descender lentamente hasta llegar al apoyo sobre antebrazos.

Consejo: Este ejercicio se puede simplificar mediante el apoyo de las rodillas en el suelo o bien incrementar su dificultad haciendo una elevación de pierna.

S 20: Fondo de brazos con apoyo estrecho

‡ ▬ ◩ ♥ Medio

3 + 4 Esta variante de las Extensiones de tríceps se ejecuta de forma parecida al Fondo esfinge. Comenzar en una postura de fondo con brazos estirados y, al flexionar, llevar los codos hacia atrás muy pegados al cuerpo. La separación de los brazos es algo más estrecha que el ancho de los hombros y está dirigida al suelo. Al contrario de lo que ocurre con los Fondos esfinge (S 19), en este caso durante la flexión también se cierra el ángulo del brazo y el cuerpo, en el movimiento de descenso, se lleva algo hacia delante.

S 21: Fondo de brazos con apoyo en forma de rombo

↕ ━ ✎ ♥ | Avanzado

5 + 6 Adoptar una postura de fondo con apoyo estrecho y formar con las manos un triángulo de modo que se toquen los pulgares y los índices. Flexionar los brazos y bajar con control el tronco hacia abajo. El tórax se debe encontrar a la altura de las manos. A continuación, presionar de nuevo hacia arriba para regresar a la posición inicial.

Consejo: Para elevar la intensidad, hay que intentar que la punta de la nariz toque el triángulo. El ejercicio se intensifica aún más si se modifica la posición inicial y los glúteos presionan hacia arriba en un apoyo en V.

S 22: Hundimiento de pecho con pierna vertical

↕ ━ ✎ ♥ | Medio

7 Adoptar una postura de fondo de espaldas y estirar una pierna en vertical hacia arriba. La pierna inferior quedará flexionada unos 90° y apoyada sobre el suelo. Flexionar los brazos hasta que los glúteos toquen un instante el suelo, pero sin apoyarse totalmente, sino, a continuación, estirar de nuevo los brazos y presionar el tronco hacia arriba. En esta postura las piernas deben estar muy tensas, de modo que la columna vertebral se mantenga en horizontal y paralela al suelo.

Músculos secundarios implicados

M. iliopsoas, M. erector de la columna, M. glúteo mayor.

S 23: Hundimiento en banco

 Medio

1 Este ejercicio supone la clásica forma de entrenamiento del tríceps utilizando el propio peso corporal. Apoyarse de espaldas sobre el asiento de una silla o un banco y colocar las piernas a la misma altura, sobre una elevación o sobre el suelo, apoyando, en tal caso, solo los talones. Flexionar los brazos hacia atrás y bajar con control el tronco hasta que los brazos estén en ángulo recto con respecto a él. Estirar de nuevo los brazos y presionar el cuerpo hacia arriba hasta regresar a la posición inicial.

Consejo: Este ejercicio también se puede realizar con las piernas flexionadas o bien con ellas estiradas sobre el suelo. Cuanto más se flexionen las piernas, más sencillo resultará. Para obtener un ángulo más cómodo, el apoyo también se puede realizar sobre dos sillas. Con ello el movimiento de flexión resultará más manejable debido a que la espalda tendrá mayor libertad de movimiento.

S 24: Hundimiento de pecho a un brazo y una pierna

 Avanzado

2 Realizar un Hundimiento de pecho clásico a base de apoyarse en un banco o en el asiento de una silla. Elevar una pierna del suelo y extenderla en horizontal hacia delante. La pierna de apoyo quedará flexionada a 90° en la articulación de la rodilla. Retirar de la superficie de apoyo el brazo contrario de la pierna extendida y estirarlo hacia delante en paralelo a la misma. Llevar a cabo ahora un Hundimiento de pecho con un solo brazo y, en caso necesario, presionar algo sobre la pierna de apoyo. El mismo deportista deberá decidir la cantidad de ayuda que realmente necesita de la pierna de apoyo. La atención principal de este ejercicio debe recaer en el brazo de apoyo.

S 25: Hundimiento de pecho

↕ ▬ ⚡ ♥ Medio

3 Con esta modificación del clásico Hundimiento, además del tríceps también se entrena intensamente la musculatura del pecho. Apoyarse de frente sobre los asientos de dos sillas y colocar en medio el cuerpo con las piernas flexionadas. Hay que tener en cuenta que el cuerpo no esté exactamente en vertical sobre el suelo sino algo inclinado hacia atrás. De esa forma la musculatura del pecho se implica mucho más. La distancia entre ambas sillas debe ser un poco menor que el ancho de los hombros. Cuanto más separadas estén las sillas, más intenso resultará el ejercicio. Flexionar ahora los brazos y ejecutar una bajada con control. Apoyar lo menos posible con los pies sobre el suelo para que el peso corporal no se descargue por la ayuda de las piernas.

Consejo: Si se amplía la superficie de apoyo, colocándola más separada, la intensidad recae más sobre la musculatura del tronco. (ver foto 4).

Espalda

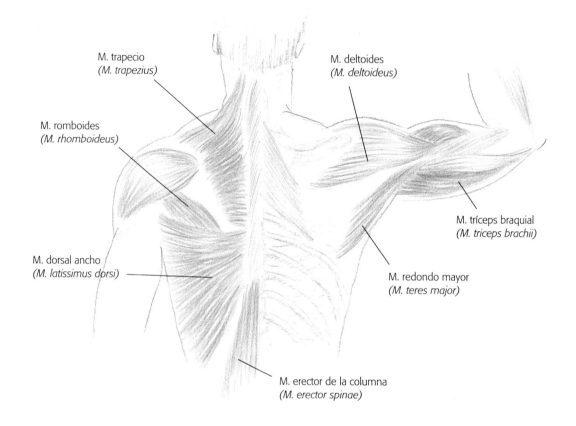

M. trapecio
(*M. trapezius*)

M. deltoides
(*M. deltoideus*)

M. romboides
(*M. rhomboideus*)

M. tríceps braquial
(*M. triceps brachii*)

M. dorsal ancho
(*M. latissimus dorsi*)

M. redondo mayor
(*M. teres major*)

M. erector de la columna
(*M. erector spinae*)

Anatomía

En el mundo occidental, las lesiones de espalda suponen el número uno entre las afecciones más extendidas. Esas estimaciones hablan de que casi el 90% de todas las personas ha sufrido trastornos de espalda al menos una vez a lo largo de su vida. La espalda es el antagonista del tórax y el abdomen y junto con ellos estabiliza la columna vertebral y posibilita la marcha erguida. La parte superior de la espalda es un grupo muscular fásico que dispone de poca tensión y tiende a debilitarse, por lo que debe ser entrenada con mayor intensidad que la musculatura tónica. El tórax, por ejemplo, es tónico y tiende al acortamiento.

Por ese motivo, una espalda redondeada puede provocar, con el paso del tiempo, dolores dorsales. Ocurre exactamente lo contrario con la parte inferior de la espalda. El abdomen tiende a la debilidad, mientras que los extensores de la espalda, como antagonistas, tienden al acortamiento. Este desequilibrio puede producir una lordosis que implique a los discos intervertebrales. Un entrenamiento bien meditado puede actuar contra estos desequilibrios y prevenir a largo plazo, o bien retrasar durante un tiempo, los daños en la espalda.

Ejercicios y grupos musculares

Los ejercicios de este capítulo están identificados con la nomenclatura «E» (Espalda). A la musculatura de la espalda pertenecen también algunos grandes músculos y otros muchos de menor tamaño que se utilizan como cadena muscular en los típicos ejercicios de tracción. Incluso en el entrenamiento de la parte superior de la espalda estos grupos musculares actúan conjuntamente con el bíceps como flexor del brazo y tiran en una dirección. Los músculos de la espalda más importantes son, entre otros:

- M. erector de la columna

- M. dorsal ancho

- M. romboides mayor

- M. romboides menor

- M. trapecio

- M. serrato menor posterior superior

Clasificación de los ejercicios

El entrenamiento de la musculatura de la espalda se divide normalmente en dos categorías que se corresponden con los típicos patrones de esfuerzo. Por este motivo, en el capítulo de ejercicios aparecen las siguientes divisiones:

I: **Parte exterior y superior.** M. trapecio, M. deltoides, M. romboides mayor, M. redondo mayor.

II: **Parte inferior y lateral.** M. erector de la columna. M. dorsal ancho.

COMENTARIO

En ocasiones se deja un poco de lado el entrenamiento de la denominada musculatura de tracción; es decir, del músculo dorsal ancho y sus sinérgicos. Sin embargo, estas zonas representan importantes grupos musculares que no deben pasarse por alto al entrenar. Incluso las mujeres deportistas prefieren unos ejercicios de apoyo aumentado, ya que, presuntamente, se pueden hacer de forma más rápida y sencilla. En ocasiones se da poco valor a un entrenamiento bien orientado de dominadas o unos ejercicios similares en los que se deba tirar del peso corporal. El motivo reside probablemente en la dificultad y en unos resultados de escaso éxito. Con unas sencillas ayudas es posible divertirse realizando estos ejercicios.

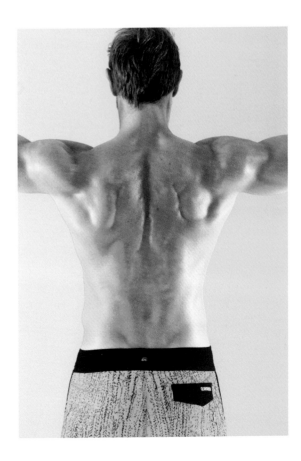

E 1: Dominada reversa

Medio

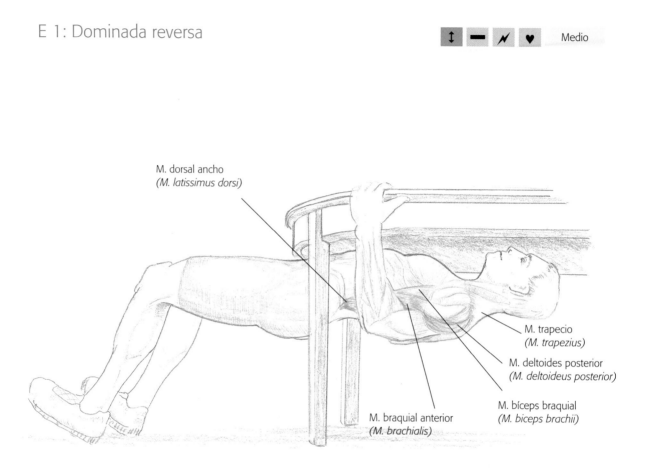

M. dorsal ancho
(M. latissimus dorsi)

M. trapecio
(M. trapezius)

M. deltoides posterior
(M. deltoideus posterior)

M. bíceps braquial
(M. biceps brachii)

M. braquial anterior
(M. brachialis)

El más conocido y efectivo ejercicio para la musculatura lateral de la espalda (M. dorsal ancho) es la Dominada. Puesto que en un entrenamiento practicado en casa no siempre resulta sencillo poder colgarse de una barra y los marcos de las puertas no tienen por qué ser demasiado estables, en este punto vamos a referirnos a ejercicios alternativos. Sin embargo, si hay posibilidades de ejecutar dominadas verticales, se deben integrar en el plan de entrenamiento. En especial en el entrenamiento al aire libre, para todos estos ejercicios de tracción son adecuadas las barras fijas que hay en los parques de juegos o bien, como alternativa, unas ramas gruesas de árboles bien estables. Cuanto más vertical resulte una dominada, más se implicará el M. dorsal ancho. Cuanto más se desplace en horizontal, más se activarán las regiones medias y bajas de la zona de los hombros.

Del mismo modo que el tríceps actúa como sinérgico en todos los ejercicios de presión, el M. bíceps braquial es el que participa en todos los ejercicios de tracción.

Grupos musculares implicados

Agonistas primarios: M. dorsal ancho, porción interior del bíceps (M. braquial anterior), M. deltoides posterior.

Agonistas secundarios: M. trapecio, M. romboides, porción superior del bíceps (M. bíceps braquial).

Ejecución

Colocarse de espaldas, con los pies apoyados en el suelo, por debajo de una mesa que sea estable.

Agarrar lateralmente los bordes de la mesa o bien, en caso de que sea demasiado ancha, sujetarse al borde de la misma (las palmas de las manos miran hacia el cuerpo). En esta posición de partida los brazos deben encontrarse en ángulo recto con respecto al tablero de la mesa.

Flexionar un poco las piernas y tirar del tronco hacia arriba, en dirección al tablero de la mesa.

A continuación, descender lentamente.

Mantener en tensión los brazos durante todo el ejercicio.

Consejo: Cuanto más flexionadas estén las piernas, más sencillo será el ejercicio.

Fuentes de fallos

Tener muy en cuenta que los brazos formen ángulo recto con la mesa.

Durante el movimiento de descenso no dejarse caer, sino realizarlo de forma lenta y totalmente controlada.

En el movimiento de elevación no hay que llevar la pelvis hacia arriba, pues eso generaría una fuerte lordosis.

E 2: Dominada de pie

 Básico

1 Colocarse erguido delante de un objeto estable alrededor del que se pueda poner una toalla larga. Se puede utilizar por ejemplo un picaporte estable, una barra o bien una barandilla gruesa de escalera. Colocar la toalla alrededor de esta fijación y agarrar con fuerza ambos extremos. También puede ser un compañero el que sujete la toalla. En todo caso, esta debe situarse aproximadamente a la altura del abdomen o de la cabeza. Estirar ahora los brazos y deslizarse lentamente hacia atrás hasta llegar a una ligera postura inclinada. Tirar después para regresar a la posición inicial erguida.

Consejo: Si la fijación es verdaderamente firme y estable, se puede descender incluso hasta llegar a la horizontal. De no ser así, se recomienda una postura de ángulo máximo de unos 45° con respecto al suelo, ya que de lo contrario crecen enormemente las fuerzas de tracción. Naturalmente, esto también recae sobre el propio peso corporal.

E 3: Elevación de brazos (tumbado)

 Básico

2 Tumbarse boca abajo en el suelo y estirar los brazos hacia delante. Elevar ahora los brazos hacia arriba y luego bajarlos hasta casi tocar el suelo. Mantener muy firmes los omoplatos. Realizar este ejercicio muy lento, de modo que toda la musculatura entre los omoplatos permanezca activada.

Consejo: Este movimiento se puede realizar con muchas variantes. También se puede realizar boca arriba apoyando los brazos sobre dos sillas. Igualmente es posible estirar los brazos hacia delante o bien hacia atrás.

E 4: Mariposa reversa en rincón

 Medio

3 + 4 Colocarse de espaldas, separado un paso, delante de un rincón entre las paredes. Elevar ahora los brazos flexionados lateralmente unos 90° con respecto al tronco y apoyarlos en las dos paredes. El cuerpo mantiene una ligera postura inclinada. Dejar que el tronco se deslice en la esquina a base de cerrar lentamente el ángulo de los brazos. A continuación, presionar los codos firmemente contra las paredes y deslizar de nuevo el tronco hacia adelante para llegar a la posición inicial. En la postura final, presionar los codos detrás del cuerpo tanto como sea posible, aunque hay que evitar en todo momento una lordosis causada por un exceso de presión. Cuanto más alejados estén los pies de la esquina, más complicado será el ejercicio al aumentar la postura inclinada.

E 5: Mariposa reversa

 Avanzado

5 Este ejercicio es una variante avanzada de la Mariposa reversa en rincón. En lugar de colocarse de pie entre dos paredes, hay que apoyarse con los codos horizontales entre dos sillas. Esta postura corporal incrementa la dificultad del ejercicio. También es posible variar la intensidad cambiando la postura de las piernas. Si las piernas permanecen flexionadas, el ejercicio resultará más fácil que con las piernas estiradas. Dejar que el tronco se deslice hacia abajo a base de cerrar lentamente el ángulo de los brazos. A continuación, presionar el tronco de nuevo hacia arriba, haciendo presión también con los brazos y los codos sobre los asientos de las sillas. Es imprescindible tener muy en cuenta que las sillas deben ser firmes y muy estables, pues en este ejercicio es relativamente sencillo resbalarse hacia los laterales.

E 6: Peso muerto con una sola pierna

Básico

Erector de la columna
(*M. erector spinae*)

Semitendinoso
(*M. semitendinosus*)

Bíceps femoral
(*M. biceps femoris*)

Semimembranoso
(*M. semimembranosus*)

Glúteo mayor
(*M. glutaeus maximus*)

La musculatura de los erectores de la columna ya ha sido tratada en muchos ejercicios del capítulo de la musculatura glútea (página 42 y 64), por lo que en este apartado no se describe con tanta amplitud.

De todas formas, se presentan algunos ejercicios importantes que entrenan de forma especialmente efectiva la parte inferior de la espalda. Un ejercicio completo para esta región del cuerpo es la postura de balanza, o bien el peso muerto sobre una sola pierna. Mediante la combinación de grandes grupos musculares, este ejercicio supone una forma de ejecución muy compleja y entrena el grupo muscular y su capacidad de equilibrio.

Grupos musculares implicados

Agonistas primarios: M. erector de la columna, M. glúteo mayor.

Agonistas secundarios: Isquiosurales, M. cuádriceps.

Ejecución

Colocarse en la postura de paso al frente con el cuerpo ligeramente flexionado hacia el suelo y desplazar el punto de gravedad a la pierna delantera. Elevar la pierna atrasada hacia atrás-arriba y flexionar al mismo tiempo el tronco tanto hacia delante hasta que pierna y tronco formen una línea horizontal. Durante este movimiento hay que, simultáneamente, flexionar un poco la pierna de apoyo para garantizar que la espalda se mantenga recta. Descender después la pierna y llevarla hacia el tronco hasta adoptar de nuevo la posición inicial.

Consejo: Este ejercicio puede realizarse con los brazos estirados hacia delante. Con ello se eleva la intensidad, ya que el brazo de palanca se amplía. Para elevar algo más la intensidad, se pueden agarrar con las manos unas botellas de agua u otros pesos.

Fuentes de fallos

La espalda tiene que estar totalmente recta durante todo el ejercicio.

No hay que dejar caer la cabeza, sino mantenerla siempre en prolongación de la columna vertebral, recta hacia delante.

Hay que trabajar de forma lenta y controlada y evitar el balanceo de la pierna y una lordosis.

Ejecutar el movimiento solo en una posición horizontal en la que la espalda y la pierna activa se encuentren en línea.

E 7: Elevación de piernas en posición erguida

 Básico

1 + 2 Adoptar la postura de paso al frente, flexionar la pierna delantera y desplazar hacia ella el centro de gravedad corporal. Descender el tronco hasta llegar cerca de la horizontal. Mantener siempre la espalda totalmente recta y adoptar una ligera lordosis con la que generar una reserva de movimiento. Bajar y subir la pierna atrasada, que se mantiene estirada. En todo el ejercicio de descenso hay que tener muy en cuenta que la pierna, en su postura final, quede recta y en prolongación de la columna vertebral, nunca por encima de ella. Al descender, el pie solo debe tocar ligeramente el suelo y no apoyarse por completo.

Consejo: En caso de que existan problemas con el equilibrio, es posible apoyarse sobre un objeto estable.

E 8: Extensión de pierna y brazo en posición erguida

 Medio

3 + 4 Colocarse sobre una pierna, descender el tronco en horizontal hacia delante y elevar la otra pierna flexionándola hacia el cuerpo. Llevar igualmente los brazos flexionados hacia el cuerpo hasta que los codos toquen la pierna. Estirar ahora los dos brazos en horizontal hacia delante y la pierna elevada hacia atrás hasta que se encuentren en la postura de balanza. Durante toda la ejecución hay que tener muy en cuenta que el brazo de la balanza formado por la columna vertebral, la pierna y el brazo se encuentren en línea. A continuación, flexionar ambas extremidades de nuevo a la posición inicial hasta que los codos vuelvan a tocar la rodilla flexionada.

E 9: Elevación del cuerpo en posición erguida

 Básico

5 + 6 Adoptar una amplia postura de paso al frente y llevar el centro de gravedad corporal hacia la pierna adelantada, que está ligeramente flexionada. El tronco se encuentra en una posición algo inclinada. Mantener la espalda recta y estirar los brazos hacia arriba en prolongación de la columna vertebral. A partir de esta posición de partida, descender el tronco con la espalda recta hasta que forme una horizontal hacia abajo y, a continuación, regresar a la posición inicial.

Consejo: Es posible aumentar la intensidad ejecutando todo el ejercicio solo sobre la pierna adelantada y dejar la pierna atrasada ligeramente elevada del suelo.

E 10 Extensión de brazo y pierna en posición arrodillada

 Básico

7 + 8 Colocarse de rodillas en el suelo. Levantar una pierna y el brazo contrario y flexionarlos de tal forma que la rodilla toque con el codo. Desde esta posición inicial, estirar la pierna recta hacia atrás y el brazo recto hacia delante hasta que queden en línea con la columna vertebral. Tensar el abdomen y evitar que se baje la espalda. Flexionar de nuevo ambas extremidades y regresar a la posición inicial.

Consejo: Este ejercicio también se puede realizar manteniendo el brazo y la pierna estirados y bajándolos y subiéndolos en lugar de regresar a la postura flexionada.

E 11: Elevación frontal de piernas (tumbado)

 Básico

1 Tumbarse sobre el suelo boca abajo con las piernas estiradas y los brazos extendidos hacia delante. Activar el abdomen y elevar las piernas ahora unos 10 o 15 cm y a continuación bajarlas de nuevo hasta casi tocar el suelo. Durante todo el movimiento el tronco debe permanecer estático sobre el suelo.

Consejo: Para tener algo más de estabilidad, hay que apoyar las manos en un objeto (por ejemplo, el borde inferior de un armario).

E 12: Elevación del cuerpo (tumbado)

 Básico

2 De una manera semejante al ejercicio anterior, hay que tumbarse en el suelo boca abajo con las piernas estiradas y los brazos igualmente extendidos hacia delante. Dejar las piernas pegadas al suelo y elevar el tronco de 10 a 15 cm para bajarlo a continuación hasta que quede cerca del suelo. Hay que tener muy en cuenta que tanto en este ejercicio como en el descrito anteriormente no se debe trabajar con mucho impulso, de modo que la espalda nunca quede estirada de una forma incontrolada. Este ejercicio se parece a la Elevación de brazos (tumbado), (E 3), sin embargo en él se eleva todo el tronco y no solo los brazos. Con ello también se implica la región inferior de la espalda.

Consejo: En este ejercicio se puede incrementar la estabilidad a base de fijar los pies. Se puede realizar con ayuda de un compañero o bien sujetarlos por debajo de una superficie firme (por ejemplo, el borde inferior de un armario o un sofá)

E 13: Elevación en diagonal de un brazo y una pierna

 Básico

3 Tumbarse en el suelo boca abajo con las piernas estiradas y los brazos extendidos hacia delante. Tensar bien el abdomen y elevar brazos y piernas unos 5 cm del suelo. A partir de esta posición inicial, llevar a cabo pequeños movimientos de elevación y de descenso con un brazo y con la pierna contraria. El recorrido del movimiento debe ser de un máximo de 10 a 15 cm para no estirar excesivamente la espalda.

En todos los ejercicios en que se está tumbado boca abajo, la cabeza debe permanecer alineada con la columna; la vista debe estar siempre dirigida oblicuamente hacia el suelo, en prolongación de la columna vertebral.

E 14: Natación

Básico

4 - 6 Tumbarse en el suelo boca abajo con las piernas estiradas y los brazos extendidos hacia delante. Tensar bien el abdomen y elevar brazos y piernas unos 5 cm del suelo. Realizar ahora con las piernas pequeños movimientos hacia arriba y hacia abajo, imitando la patada de crol de la natación. Al mismo tiempo, mover los brazos alternativamente hacia atrás-arriba y delante-abajo, como si se quisiera bucear. El movimiento de brazos se tiene que hacer totalmente hacia atrás hasta llegar al estiramiento y en el regreso se deben llevar los codos todo lo que se pueda hacia arriba. Basta imaginarse que se nada a crol entre las olas. Durante todo el ejercicio es necesario tener el tronco ligeramente elevado unos 5 cm del suelo.

Consejo: Como alternativa, en lugar de un movimiento de crol también se puede imitar el movimiento a braza. Tener muy en cuenta realizar un rango de movimiento amplio y muy controlado.

Combinaciones de ejercicios para el entrenamiento integral

En el capítulo «Fundamentos y términos», a partir de la página 18, ya se ha explicado que un entrenamiento de resistencia de fuerza que sea corto e intenso es, la mayoría de las veces, bastante más efectivo que un entrenamiento aeróbico largo pero con menor intensidad. Naturalmente, en este punto es necesario advertir que los principiantes deben empezar con ese tipo de entrenamiento, aunque si desean tener éxito a largo plazo, es necesario que recurran cada vez más a intervalos cortos pero intensos. Esta efectividad ha quedado confirmada desde hace algunos años por parte de la ciencia del deporte.

Activación del metabolismo energético

Para el entrenamiento resultan muy apropiadas las combinaciones de distintos ejercicios independientes que impliquen a la totalidad de los músculos del cuerpo. Con ellas se eleva la frecuencia cardíaca hasta su punto máximo y se entrena todo el sistema metabólico. Además, de esa forma se desarrollan unos músculos tensos y se pierde grasa. Cuanto más se trabaje en estos intervalos de entrenamiento, más se provocará el denominado efecto de post-combustión o consumo de oxígeno después del ejercicio. Tales sobrecargas progresivas generan que el cuerpo se vea más obligado a adaptarse. Esto significa que después del entrenamiento el organismo se recupera y regenera durante varias horas. En ese tiempo precisa de mucha energía para estructurar un elevado nivel de rendimiento. Cuanto más se cargue un músculo, un grupo muscular o todo el cuerpo durante el entrenamiento, más tiempo precisará la musculatura para quemar, después de ese entrenamiento, las calorías sobrantes. Algunos estudios incluso llegan a demostrar que después de un «programa *HIIT*» el índice de metabolismo corporal se eleva durante las 24 a 48 horas posteriores al entrenamiento. En ese tiempo se consume más energía que en un estado normal. Por tanto es fácil imaginarse que el metabolismo energético se eleva de forma significativa a largo plazo cuando se realiza este tipo de entrenamiento durante 3 o 4 veces por semana.

Con los complejos ejercicios integrales se entrenan una gran diversidad de músculos.

Consejos útiles para la combinación de diversos ejercicios

Básicamente se puede decir que es posible combinar casi todos los ejercicios que se han presentado a lo largo de los capítulos anteriores. Hay que tener muy en cuenta que nunca se deben ejecutar de forma unilateral. Está claro que varias de estas prácticas con un solo lado se pueden combinar entre sí, pero siempre se deben realizar también con el otro lado. Por este motivo es fácil combinar entre sí ejercicios completos.

Los siguientes consejos ayudan a realizar una selección de ejercicios para crear una combinación compleja para todo el cuerpo:

- Utilizar siempre como ejercicios básicos los que incluyan a los grandes grupos musculares (por ejemplo, el muslo, tórax-hombro, espalda).

- Hay que intercalar ejercicios entre el tren superior y el inferior. Con ello la frecuencia cardíaca se mantiene siempre elevada, los grupos musculares no se implican de forma demasiado intensa y así pueden recuperarse de forma activa. Un ejemplo es la combinación de fondos en una serie seguidos por otra serie de sentadillas.

- Combinar ejercicios puros de fuerza, por ejemplo fondos, con ejercicios puros de cardio como podrían ser los sprints o las marionetas.

- Para conseguir mayor rendimiento, intentar aumentar la velocidad de los ejercicios, pero respetando siempre una correcta ejecución.

- La combinación de ejercicios completamente fluidos con otros incompletos pero rápidos o bien de mantenimiento estático dentro de un entrenamiento genera nuevos estímulos ante los que el cuerpo debe regularse de nuevo. Por tanto, de vez en cuando hay que combinar diversas formas de ejecución de ejercicios dentro de una serie o una sesión de entrenamiento. Podría ser, por ejemplo, una sentadilla normal en una serie seguida de una repetición corta y rápida en la siguiente serie, sentadillas con salto en la serie sucesiva y, como última parte del ejercicio, mantenimiento estático en la posición media del movimiento.

- En las combinaciones hay que tener en cuenta los ejercicios de postura tumbada y erguida, por ejemplo un Encogimiento abdominal en el suelo en combinación con sentadillas con salto en las que siempre hay que estar de pie de forma económica y mantener la espalda recta. Unas combinaciones rápidas y bruscas provocan en ocasiones movimientos incontrolados.

- Resultan poco adecuadas las combinaciones de ejercicios en las que haya tiempos de cambio demasiado largos. Por eso, a la hora de realizar las combinaciones hay que vigilar que los ejercicios tengan flujos similares de movimiento o direcciones parecidas.

- No hay que combinar demasiados ejercicios. Por una parte se producen tiempos de pausa que no implican músculos y, por otra parte, no es posible que dichos músculos se descarguen totalmente.

- Realizar pausas cortas entre los diversos ejercicios.

- Realizar los ejercicios complejos y complicados al comienzo del entrenamiento. Con ello se garantiza una ejecución mucho más saludable y controlada que si se ejecutan al final del entrenamiento.

En las próximas páginas se van a presentar algunas combinaciones de ejercicios integrales que son especialmente efectivas y constituyen un buen fundamento para el entrenamiento; todos identificados con la nomenclatura «G» (Global / inteGral)

G 1: Marioneta

 Básico

El denominado ejercicio de la Marioneta es bien conocido en todas las clases de educación física. Ha sido utilizado en muchas ocasiones como elemento de calentamiento y se le ha prestado muy poca atención. Sin embargo, este ejercicio tiene mucho más contenido del que puede deducirse a primera vista. La combinación de movimientos de brazos y piernas ya exige una gestión del tiempo y de la capacidad de asociación elevadas. A base de una ejecución rápida con breves contactos con el suelo se entrena la elasticidad y la fuerza reactiva. Además, este ejercicio se puede variar en muy diversas facetas y es fácil de combinar con otras formas de movimiento.

1 - 3 Colocarse de pie con las piernas juntas y pegar los brazos a los lados del cuerpo. Esta es la posición inicial. Saltar ahora abriendo ligeramente las piernas y estirar los brazos lateralmente y luego por encima de la

cabeza. A continuación, volver a saltar hasta llegar a la posición de comienzo y realizar este cambio con rapidez varias veces seguidas.

4 **Variaciones:** Para aumentar la dificultad, en la posición inicial se pueden cruzar las piernas y luego descruzarlas en un cambio constante colocando delante una vez la pierna izquierda y otra la derecha. La dificultad aumenta cuando los brazos también se cruzan alternados por delante del cuerpo en la posición de comienzo.

Consejo: Para mejorar la coordinación, hay que intentar mover las piernas el doble de rápido que los brazos.

G 2: Aki Jacks y Zancada alternada

 Medio

5 - 7 Una forma de ejecución más intensa que la de la Marioneta es el denominado Aki Jack. En lugar de comenzar desde una postura de pie erguida, hay que adoptar una postura de sentadillas. Las piernas están juntas y las rodillas flexionadas a 90°. Flexionar los brazos delante del cuerpo y comenzar el ejercicio a base de saltar con las piernas abiertas mientras los brazos suben lateralmente hasta la horizontal. Saltar hasta regresar de nuevo a la posición de partida y a continuación volver a saltar de inmediato con una pierna hasta llegar a la posición de zancada profunda. Hay que tener muy en cuenta que la postura de las piernas siempre sea la correcta y no inclinar nunca el tronco hacia delante. Saltar de nuevo hasta regresar a la posición inicial, abrir de nuevo las piernas y saltar con la otra pierna hasta llegar a la zancada. Durante toda la combinación del ejercicio hay que intentar que las piernas siempre estén flexionadas y el centro de gravedad del cuerpo se mantenga siempre muy bajo. Para ello los muslos mantienen constantemente la tensión y la intensidad aumenta.

1

G 3: Sentadilla amplia con salto y Zancada capoeira

↕ — ⟋ ♥ Avanzado

Esta combinación de ejercicios se cierra con la denominada «negativa», una técnica procedente del arte marcial brasileño capoeira.

1 + 2 Colocarse de pie con las piernas abiertas al ancho de los hombros y llevar a cabo una Sentadilla amplia así como una Sentadilla de Sumo, tal y como se ha descrito en el capítulo «Tren inferior» a partir de la página 48. Saltar de forma explosiva al final del *squat* y volver a aterrizar de forma suave. Tras el aterrizaje, girar el cuerpo unos 90° hacia un lado de forma que se quede en posición de zancada. Flexionar las piernas y echar el cuerpo algo hacia delante de tal modo que la mano adelantada se apoye sobre el suelo. El brazo atrasado se estira verticalmente. En ese momento el deportista se encuentra en posición de zancada profunda.

2

3 Trasladar todo el peso del cuerpo hacia el brazo apoyado en el suelo y estirar ahora hacia delante la pierna atrasada, como si se quisiera dar una patada. En capoeira esta técnica se llama «negativa». El brazo opuesto permanece durante ese tiempo flexionado hacia arriba por encima de la cabeza y hace un «bloqueo». Hay que imaginarse este ejercicio como si se quisiera dar una patada contra la pierna de un «contrario» y, al mismo tiempo, proteger la cabeza con el brazo. Durante todo este tiempo, el cuerpo se mantiene suspendido sobre el suelo. A continuación, llevar otra vez la pierna adelantada a la postura de zancada, erguirse pasando por la zancada y comenzar toda la secuencia del ejercicio con el otro lado.

3

G 4: Escalador y Sentadilla amplia con salto

↕ — ✎ ♥ Medio

Este ejercicio combina el Escalador, que se lleva a cabo desde una postura de Fondo, con una Sentadilla. El primer ejercicio implica sobre todo a la musculatura de apoyo del tren superior así como a todo el núcleo corporal. Con el segundo ejercicio se entrenan los muslos. Ya que esta combinación de ejercicios implica a grupos musculares grandes, la frecuencia cardíaca se eleva con rapidez. Es pues una forma sencilla y muy efectiva de combinar fuerza y resistencia.

4 + 5 Adoptar la postura de fondo como punto de partida. Tensar el abdomen y mantener la espalda recta. Tan rápido y de forma tan explosiva como sea posible,

llevar alternativamente la pierna derecha y la izquierda 3 o 4 veces hacia el pecho. Basta con imaginar que se trepa por una montaña muy escarpada. A continuación, ponerse en cuclillas y saltar dinámicamente desde una Sentadilla amplia.

6 Presionar de forma explosiva hacia arriba y realizar un salto en extensión o en cuclillas. Aterrizar de forma suave. A continuación, flexionar las rodillas y apoyar las manos en el suelo de tal forma que se regrese a la posición inicial que es la de fondo.

Durante todo el ejercicio hay que tener en cuenta una correcta postura y una buena ejecución. Por un lado, en el momento de realizar el cambio entre el fondo y la Sentadillas y, por otra parte, llevar a cabo siempre un desarrollo del movimiento controlado y con la espalda recta.

G 5: Burpee

 Medio

En los últimos años se han puesto muy de moda y hoy en día es muy difícil pensar en ciclos de entrenamiento funcional orientados al rendimiento que no incluyan estos ejercicios. El Burpee es una combinación de un fondo hacia delante, una posición en cuclillas y un salto en extensión.

Se comienza en una postura de pie neutra, con las piernas abiertas al ancho de los hombros. Flexionar las piernas hasta obtener una postura en cuclillas y apoyar las manos en el suelo delante de las rodillas.

1 - 4 Saltar con las piernas hacia atrás hasta llegar a una postura de fondo. Mantener el núcleo del cuerpo estable y en tensión y realizar un fondo. Hay que tener en cuenta que en esta postura el cuerpo debe bajarse con control hasta llegar al suelo. A continuación, presionar hacia arriba, llevar las piernas hacia delante y colocarse en cuclillas. A partir de esta posición, estirar

las dos piernas de forma explosiva, erguir el tronco y realizar un salto lo más alto posible. A continuación, aterrizar en el suelo de forma suave, flexionar de nuevo las piernas, adoptar de nuevo la postura de cuclillas y comenzar el ejercicio desde el principio.

Consejo: Si cuando se está cansado ya no es posible llevar a cabo un fondo completo, entonces se puede omitir y, en lugar de eso, saltar un instante en la postura de fondo y a continuación volver a ponerse en cuclillas. Como alternativa, también sería recomendable adoptar lentamente la postura de fondo a base de, tras la Sentadilla, llevar primero una pierna hacia atrás, luego la otra y, tras el fondo, volver a quedar en cuclillas. Para elevar la intensidad del ejercicio existe una variante complicada de fondo, tal y como se ha descrito en el capítulo «Tren superior» (a partir de la página 114). Además, en lugar de un salto en extensión normal, también se puede realizar un salto en cuclillas con un giro de 180 o 360°. Igualmente, es posible ejecutar combinaciones con el ejercicio de la Marioneta, el de la Zancada con salto u otros semejantes de tipo dinámico.

1 2 3 4

G 6: Paso de Spiderman

↕ ▬ ⟋ ♥ `Muy avanzado`

En el capítulo «Tren superior» (página 118) ya se ha nombrado el ejercicio Fondo Spiderman. Una variante más intensiva de este ejercicio, en la que se combinan muchos y pequeños movimientos parciales, es el denominado Paso de Spiderman.

5 + 6 Este ejercicio comienza con una postura de fondo profunda. Colocarse en la postura y bajar con control el cuerpo hasta casi tocar el suelo. Durante todo el ejercicio mantener los brazos flexionados y dejar que el cuerpo quede suspendido muy cerca del suelo. Levantar una pierna y flexionarla hacia delante y hacia fuera. Al mismo tiempo, soltar la mano contraria del

suelo y llevarla hacia delante. Apoyar en el suelo el pie de la pierna flexionada y desplazar el peso corporal sobre ella. Luego presionar la pierna de tal forma que todo el cuerpo se desplace hacia delante. Llevar a cabo exactamente el mismo movimiento con la otra parte. Con ello se obtiene un movimiento profundo de deslizamiento mientras que todo el cuerpo se mantiene en tensión. Hay que imaginarse que se trata de avanzar por debajo de un sitio muy angosto sin que el cuerpo llegue a tocar en ningún momento el suelo.

Consejo: En lugar de avanzar hacia delante, este ejercicio también se puede realizar hacia atrás o incluso combinarlos. Pintar en el suelo una línea de salida y otra que sirva de meta. Avanzar hacia delante hasta llegar a la meta y, a continuación, hacia atrás hasta la línea de salida.

G 7: Fondo con paso cruzado de cocodrilo

$\updownarrow$ ▬ ◹ ♥ Avanzado

1 - 3 Este ejercicio comienza con una postura de fondo. Adoptar la posición y primero desplazarse hacia fuera y a la derecha una magnitud equivalente a la anchura del cuerpo. Cruzar el brazo izquierdo por delante del derecho y al mismo tiempo abrir la pierna derecha de 30 a 40 cm hacia fuera y a la derecha. Desplazar ahora el brazo derecho hacia fuera y colocarlo de nuevo a la anchura de los hombros, adoptando una postura normal de fondo. Mientras tanto, regresar igualmente con la pierna izquierda para llegar a la postura de fondo normal. De forma controlada se puede avanzar hacia un lado con la postura de fondo pero sin enredarse, de forma fluida. Preocuparse de mantener en todo momento la tensión del tronco.

4 Realizar a continuación un fondo y durante el movimiento de descenso flexionar la pierna izquierda en dirección al hombro. En el punto más exigente la rodilla debe tocar el hombro izquierdo. A continuación, presionar de nuevo hacia arriba y deslizar la pierna de nuevo hasta obtener la postura de fondo. Del mismo modo, avanzar hacia la izquierda, y con ello se realizará un Fondo de cocodrilo.

Consejo: En lugar de un Fondo de cocodrilo, después del avance lateral también se pueden introducir todas las variantes de Fondo lateral. Los ejercicios son especialmente intensos si, al flexionar en la postura de fondo, se lleva la pierna estirada hacia un lateral. También se puede realizar una rotación interna-eje longitudinal, muy semejante a un Fondo de brazos en T (S 13).

G 8: Extensión de espalda del prisionero y Sentadilla con salto

↕ ━ ⟋ ♥ Avanzado

En este ejercicio el deportista debe imaginar que es un prisionero tumbado en el suelo que tiene las manos amarradas por detrás de la cabeza. Debe ponerse de pie, pero no puede utilizar los brazos. Es decir, no se puede falsear este ejercicio a base de aprovechar el impulso de los brazos o que toquen el suelo.

5 - 8 Tumbarse de espaldas con las piernas estiradas y mantener las manos detrás de la cabeza. Tensar el abdomen y evitar durante todo el ejercicio que se genere una lordosis o un incurvamiento excesivo de la espalda. Comenzar el ejercicio flexionando las piernas 90° y apoyando los pies sobre el suelo. Realizar

primero un Encogimiento abdominal y elevar el tronco todo lo que se pueda hasta obtener una postura erguida. Llevar después un pie hacia el cuerpo de tal forma que se genere una postura de zancada. Desplazar el cuerpo hacia adelante y llevar la presión sobre la planta del pie de la pierna adelantada. Levantarse despacio a base de presionar sobre esta pierna.

Descender del mismo modo, echar lentamente el tronco hacia atrás y volver a adoptar la posición de salida, tumbado de espaldas. Realizar de nuevo el ejercicio, pero manteniéndose ahora sobre la otra pierna, de forma que se les exija un esfuerzo análogo a las dos extremidades inferiores.

Planes de entrenamiento

Este capítulo contiene los distintos planes de entrenamiento que nos ayudan a empezar de inmediato con el trabajo sin emplear demasiado tiempo buscando los diversos ejercicios. Las propuestas de entrenamiento que se ofrecen facilitan la ejecución de un entrenamiento regular y razonable. Cada uno de estos planes incluye tres grados distintos de dificultad que se corresponden con el estado de rendimiento y la disponibilidad de tiempo de cada uno. ¡Ahora todo es cuestión de encontrar el plan adecuado e iniciar inmediatamente el entrenamiento!

Método *bodyboom* en circuito

Este método es una variante del principio de entrenamiento *HIIT* que ya se ha comentado en el apartado «Planificación del entrenamiento y conceptos» (ver pág. 30). Este intensivo entrenamiento interválico para todo el cuerpo se aprovecha del principio de las superseries. En él se ejecutan de forma consecutiva dos ejercicios que implican al mismo grupo muscular o a regiones similares del organismo. De esa forma se consigue en breve tiempo una máxima carga muscular. En otras palabras: «Con este entrenamiento se consigue una máxima eficacia con un mínimo tiempo».

A través del «Concepto de rondas de entrenamiento», el programa de *fitness* está organizado de tal forma que un entrenamiento se puede integrar en el quehacer cotidiano de acuerdo con el tiempo y los deseos específicos de cada participante. De esa forma se puede entrenar al mismo tiempo la fuerza y la resistencia, pues el pulso irá aumentando a lo largo de todo el entrenamiento. El programa de *fitness* está muy indicado, por tanto, para desarrollar y definir los músculos, eliminar grasa y mejorar la resistencia. Y todo eso sin aparatos, con la única ayuda del propio peso corporal.

Estructuración del programa

El programa incluye 3 rondas para 7 combinaciones de ejercicios compuestas por un ejercicio básico y un segundo ejercicio como superserie. El primer ejercicio se ejecuta durante 30 segundos e inmediatamente, sin ninguna pausa, sigue un segundo ejercicio, que será ejecutado en la primera ronda durante 30 segundos, en la segunda durante 20 y solo durante 10 en la tercera. Después de cada superserie se incluirá una pausa de 45 segundos antes de cambiar al siguiente ejercicio de la superserie para otro grupo muscular. Para permitir la mayor cantidad de estímulos diferentes en los músculos, hay que variar la forma de

ejecución del segundo ejercicio como superserie. La primera ronda incorpora, pues, dos ejercicios completos con amplitud total del movimiento. En la segunda ronda se aprovecha el principio estático y en la tercera el principio *burn*. Esto significa que el ejercicio debe realizarse siempre en la segunda ronda de forma estática. En la tercera, el ejercicio se realizará solo hasta la mitad, pero ejecutado con un rango de movimiento muy rápido.

Consumo de tiempo

Deben llevarse a cabo, en la medida de lo posible, las 3 rondas completas. En caso de disponer de poco tiempo o estar interesado en realizar tan solo una sesión corta de entrenamiento, también se puede trabajar con una o dos rondas.

Para la primera vuelta se dispone de 12 minutos y se ejecutan 14 (7 × 2) ejercicios distintos.

Después ya se puede iniciar la segunda o tercera ronda. Como ya se ha comentado, en mitad del ejercicio de superserie de la segunda ronda se incluye un mantenimiento estático de 20 segundos. Una vez realizada esta ronda, se habrá trabajado durante 22 minutos para superar 28 ejercicios.

En caso de querer continuar, se puede iniciar la tercera vuelta, que contiene en el ejercicio de superserie unas breves repeticiones parciales. Estos ejercicios se denominan «*burns*» porque al final de la sesión se sienten los músculos como si, literalmente, estuvieran en «llamas». Por este motivo, estos ejercicios solo se deben realizar durante 10 segundos. Si se ha rematado la tercera ronda, se habrá entrenado con éxito durante 30 minutos para ejecutar un total de 42 ejercicios. El gráfico de la pág. 159 ofrece una panorámica del método completo.

Panorámica gráfica

1ª vuelta

Combinación de ejercicios nº 1:
Ejerc. básico + ejerc. de superserie
30 s + 30 s + 45 s de pausa

Combinación de ejercicios nº 2:
Ejerc. básico + ejerc. de superserie
30 s + 30 s + 45 s de pausa

Combinación de ejercicios nº 3:
Ejerc. básico + ejerc. de superserie
30 s + 30 s + 45 s de pausa

Combinación de ejercicios nº 4:
Ejerc. básico + ejerc. de superserie
30 s + 30 s + 45 s de pausa

Combinación de ejercicios nº 5:
Ejerc. básico + ejerc. de superserie
30 s + 30 s + 45 s de pausa

Combinación de ejercicios nº 6:
Ejerc. básico + ejerc. de superserie
30 s + 30 s + 45 s de pausa

Combinación de ejercicios nº 7:
Ejerc. básico + ejerc. de superserie
30 s + 30 s + 45 s de pausa

Total 12 min 10 s

2ª vuelta

Combinación de ejercicios nº 1:
Ejerc. básico + mant. estático
30 s + 20 s + 30 s de pausa

Combinación de ejercicios nº 2:
Ejerc. básico + ejerc. de superserie
30 s + 20 s + 30 s de pausa

Combinación de ejercicios nº 3:
Ejerc. básico + ejerc. de superserie
30 s + 20 s + 30 s de pausa

Combinación de ejercicios nº 4:
Ejerc. básico + ejerc. de superserie
30 s + 20 s + 30 s de pausa

Combinación de ejercicios nº 5:
Ejerc. básico + ejerc. de superserie
30 s + 20 s + 30 s de pausa

Combinación de ejercicios nº 6:
Ejerc. básico + ejerc. de superserie
30 s + 20 s + 30 s de pausa

Combinación de ejercicios nº 7:
Ejerc. básico + ejerc. de superserie
30 s + 20 s + 30 s de pausa

Total 9 min 20 s

3ª vuelta

Combinación de ejercicios nº 1:
Ejerc. básico + *burns* breve
30 s + 10 s + 20 s de pausa

Combinación de ejercicios nº 2:
Ejerc. básico + ejerc. de superserie
30 s + 10 s + 20 s de pausa

Combinación de ejercicios nº 3:
Ejerc. básico + ejerc. de superserie
30 s + 10 s + 20 s de pausa

Combinación de ejercicios nº 4:
Ejerc. básico + ejerc. de superserie
30 s + 10 s + 20 s de pausa

Combinación de ejercicios nº 5:
Ejerc. básico + ejerc. de superserie
30 s + 10 s + 20 s de pausa

Combinación de ejercicios nº 6:
Ejerc. básico + ejerc. de superserie
30 s + 10 s + 20 s de pausa

Combinación de ejercicios nº 7:
Ejerc. básico + ejerc. de superserie
30 s + 10 s + 20 s de pausa

Total 7 min

Tiempo total 1ª + 2ª vuelta, aprox. 22 minutos

Tiempo total 1ª + 2ª + 3ª vuelta, aprox. 30 minutos

La primera ronda contiene 7 ejercicios consecutivos de superserie. Ejecutar, durante 30 segundos cada uno, dos ejercicios completos con una amplitud total de movimiento.

Ejercicio 1 (30 segundos) +
Movimiento completo

Ejercicio 2 (30 segundos)
Movimiento completo

= Superserie

La segunda ronda contiene 7 ejercicios consecutivos de superserie. Ejecutar, durante 30 segundos cada uno, dos ejercicios completos con amplitud total de movimiento; el ejercicio sucesivo debe disponer en la mitad de su ejecución de 20 segundos de mantenimiento estático.

Ejercicio 1 (30 segundos) +
Movimiento completo

Ejercicio 2 (20 segundos)
Movimiento estático

= Superserie

La tercera ronda tiene 7 ejercicios consecutivos de superserie. Ejecutar en 30 segundos el primero, con una amplitud total de movimiento, y luego cambiar al segundo ejercicio por 10 segundos, ejecutar de una forma rápida a mitad del conjunto del movimiento.

Ejercicio 1 (30 segundos) +
Movimiento completo

Ejercicio 2 (10 segundos)
Movimiento estático

= Superserie

Plan de entrenamiento para principiantes

Este plan incluye ejercicios de dificultad moderada o media y está muy indicado para todos los principiantes. Las pausas son muy breves, por lo que resulta normal y razonable que durante algunos de los ejercicios se tropiece con los límites de rendimiento del participante y, consecuentemente, deba interrumpirlos antes del tiempo marcado. Lo mejor es plantearse unos objetivos parciales poco ambiciosos e intentar prolongar las repeticiones de sesión en sesión. Si al cabo de 4 a 6 semanas se han podido ejecutar todos los ejercicios sin ninguna interrupción prematura y el deportista se encuentra en condiciones de superar rendimientos más elevados, lo mejor es cambiarse al programa de intermedios (ver pág. 162).

Principiantes

Ronda 1 / Ronda 2 / Ronda 3

Nº.	Ejercicio básico	Segundo ejercicio	Pausa	Nº.	Ejercicio básico	Segundo ejercicio = estático	Pausa	Nº	Ejercicio básico	Segundo ejercicio = burns	Pausa
1	30	30	45	8	30	20	30	15	30	10	20
	I 1: Sentadillas	I 13: Zancadas (alternativo)			I 2: Sentadillas con elevación de talones	I 10: Sentadillas en pared			I 6: Sentadillas de sumo	I 7: Sentadillas de sumo con elevación de talones	
2	30	30	45	9	30	20	30	16	30	10	20
	S 4: Fondo de brazos con apoyo amplio	S 2: Fondo de brazos con el tronco en elevación			P 6: Diagonal *Push Up* (auf d. Knien)	C 31: Plancha frontal con apoyo de antebrazos			S 1: Fondo de brazos (de rodillas)	S 9: Escalador (sin fondo de brazos)	
3	30	30	45	10	30	20	30	17	30	10	20
	I 22: Puente reverso a una sola pierna (alternativo)	I 20: *Curl* de piernas (sin deslizamiento)			I 23: Puente alto de piernas	I 25: Puente a una sola pierna con brazos estirados (estático en ambos lados)			I 26: Hiperextensión inversa	I 27: Hiperextensión inversa de pie (alternativo rápido)	
4	30	30	45	11	30	20	30	18	30	10	20
	I 36: Elevación de rodillas hacia delante (alternativo)	I 42: Elevación de talones (ambos lados)			I 36: Elevación de rodillas hacia delante con patada frontal (alternativo)	I 43: Elevación de talones en cajón (estático en la posición intermedia)			I 36: Elevación de rodillas hacia delante/ con saltos (continuado)	I 44: Salto sobre talón a una sola pierna (ambos lados)	
5	30	30	45	12	30	20	30	19	30	10	20
	E 10: Extensión de brazo y pierna en posición arrodillada. (alternativo)	E 3: Elevación de brazos (tumbado)			E 7: Elevación de piernas en posición erguida (alternativo)	E 11: Elevación de piernas (tumbado, estático)			E 12: Elevación del cuerpo (tumbado)	E 13: Elevación en diagonal de un brazo y una pierna (movimientos rápidos)	
6	30	30	45	13	30	20	30	20	30	10	20
	C 1: Encogimientos abdominales	C 23: Extensión de piernas (tumbado)			C 6: Encogimientos abdominales con elevación	C 10: Encogimientos abdominales con piernas rectas (solo estático)			C 2: Encogimientos abdominales diamante	C 18: Encogimientos abdominales laterales elevados (alternativo)	
7	30	30	45	14	30	20	30	21	30	10	20
	G 5: *Burpee* (sin fondo de brazos)	G 4: Escalador + Sentadillas			G 5: *Burpee* (sin fondo de brazos)	S 1: Fondo de brazos (estático en la posición elevada)			G 5: *Burpee* (sin fondo de brazos)	G 1: Marioneta	
Total I:		12 min 10 s		Total II:		9 min 20 s		Total III:		7 min	
Tiempo total de entrenamiento 28 min 30 s											

Recomendación para principiantes

Los principiantes deben ejecutar este plan al menos 3 veces por semana e incorporar entre las sesiones 1 o 2 días de pausa destinados a la recuperación de la musculatura. Durante esos días de pausa se recomienda no tirarse a la bartola. Unos sencillos movimientos, como pueden ser unos paseos rápidos de 20 a 30 minutos, hacer *jogging* o montar en bicicleta sirven para optimizar el riego sanguíneo del organismo y acelerar la recuperación. Además, son adecuados para mejorar la resistencia básica y el bienestar general. El principiante debe comenzar

despacio y elevar poco a poco su rendimiento deportivo. Por tanto, no debe ejecutar desde un primer momento las tres rondas, sino que en la primera sesión debe superar solo una o dos ellas. Como fundamento de esta recomendación, en la tabla siguiente se presenta un plan de entrenamiento de 4 semanas. Debe considerarse tan solo como un ejemplo de plan. La organización de los días de entrenamiento puede adaptarse, evidentemente, a la compatibilidad con las obligaciones sociales y laborales de cada uno.

Plan de entrenamiento de 4 semanas

1ª semana

Día	Lunes	Martes	Miércoles	Jueves	Viernes	Sábado	Domingo
Entrena-miento	*Bodyboom* **principiantes** Programa corto. Solo 1ª ronda	Pausa activa 30 minutos de movimiento básico (*jogging*, andar deprisa, etc.)	*Bodyboom* **principiantes** Programa medio. 1ª y 2ª rondas	Pausa pasiva (limitarse sencillamente a no hacer nada)	Pausa activa Estiramiento básico (estático +ligeramente dinámico aprox. 20 s /ejercicio)	*Bodyboom* **principiantes** Programa completo. 1ª, 2ª y 3ª rondas	Pausa pasiva (limitarse sencillamente a no hacer nada)

2ª semana

Día	Lunes	Martes	Miércoles	Jueves	Viernes	Sábado	Domingo
Entrena-miento	*Bodyboom* **principiantes** Programa medio. 1ª y 2ª rondas	Pausa activa 30 minutos de movimiento básico (*jogging*, andar deprisa, etc.)	*Bodyboom* **principiantes** Programa completo. 1ª, 2ª y 3ª rondas	Pausa pasiva (limitarse sencillamente a no hacer nada)	Pausa activa Estiramiento básico (estático +ligeramente dinámico aprox. 20 s /ejercicio)	*Bodyboom* **principiantes** Programa completo. 1ª, 2ª y 3ª rondas	Pausa pasiva (limitarse sencillamente a no hacer nada)

3ª semana

Día	Lunes	Martes	Miércoles	Jueves	Viernes	Sábado	Domingo
Entrena-miento	*Bodyboom* **principiantes** Programa completo. 1ª, 2ª y 3ª rondas	Pausa activa 30 minutos de movimiento básico (*jogging*, andar deprisa, etc.)	*Bodyboom* **principiantes** Programa completo. 1ª, 2ª y 3ª rondas	Pausa pasiva (limitarse sencillamente a no hacer nada)	Pausa activa Estiramiento básico (estático +ligeramente dinámico aprox. 20 s /ejercicio)	*Bodyboom* **principiantes** Programa completo. 1ª, 2ª y 3ª rondas	Pausa pasiva (limitarse sencillamente a no hacer nada)

4ª semana

Día	Lunes	Martes	Miércoles	Jueves	Viernes	Sábado	Domingo
Entrena-miento	*Bodyboom* **principiantes** Programa completo. 1ª, 2ª y 3ª rondas	Pausa activa 30 minutos de movimiento básico (*jogging*, andar deprisa, etc.)	*Bodyboom* **principiantes** Programa completo. 1ª, 2ª y 3ª rondas	*Bodyboom* **principiantes** Programa medio. 1ª y 2ª rondas	Pausa activa Estiramiento básico (estático +ligeramente dinámico aprox. 20 s /ejercicio)	*Bodyboom* **principiantes** Programa completo. 1ª, 2ª y 3ª rondas	Pausa pasiva (limitarse sencillamente a no hacer nada)

Plan de entrenamiento para intermedios

Para poder comenzar con el plan para intermedios, ya se debe entrenar regularmente y disponer de una determinada variedad de movimientos. Los principiantes o intermedios que hayan dejado de practicar deporte durante mucho tiempo, deberán ejecutar, en primer lugar, un programa de principiantes de 4 a 6 semanas antes de incorporarse a este nivel. Este plan de entrenamiento incluye ejercicios de dificultad media. A pesar de eso, podría ocurrir que el deportista tuviera una exigencia en exceso (o defecto) al hacer determinados ejercicios. En tal caso, lo indicado es cambiar a otra forma de ejecución más sencilla (o, en su caso, más complicada).

Intermedios											
Ronda 1				**Ronda 2**				**Ronda 3**			
Nº.	Ejercicio básico	Segundo ejercicio	Pausa	Nº.	Ejercicio básico	Segundo ejercicio = estático	Pausa	Nº	Ejercicio básico	Segundo ejercicio = *burns*	Pausa
1	30	30	45	8	30	20	30	15	30	10	20
	I 3: Sentadilla con salto plegado	I 16: Zancada en cajón (alternativo)			I 5: Sentadilla en cajón con salto	I 11: Sentadilla en pared con levantamiento de talones			I 6: Sentadillas de sumo	Zancada alternada	
2	30	30	45	9	30	20	30	16	30	10	20
	S 6: Fondo diagonal (alternativo)	S 1: Fondo de brazos			S 4: Fondo de brazos con apoyo amplio	S 10: Fondo de brazos y salto con piernas abiertas lateralmente (estático, solo mover las piernas)			S 20: Fondo de brazos con apoyo estrecho	S 9: Escalador	
3	30	30	45	10	30	20	30	17	30	10	20
	I 20: *Curl* deslizante de piernas	I 21: Puente a una sola pierna (alternativo)			I 24: Puente a una sola pierna con la otra cruzada (alternativo)	I 25: Puente a una sola pierna con brazos estirados (cada 10 s por lado)			I 28: Extensión inversa de piernas	I 25: Puente a una sola pierna con brazos estirados (alternativo, fluido)	
4	30	30	45	11	30	20	30	18	30	10	20
	I 33: Elevación lateral de piernas (lado derecho)	I 33: Elevación lateral de piernas (lado izquierdo)			I 41: Plancha lateral con elevación inversa de piernas (15 s por lado)	I 40: Plancha lateral inversa (cada 10 s por lado)			I 43: Elevación de talones en cajón (con peso, p. ej. botellas)	I 44: 2ª serie de salto sobre talón (120 s por cada pierna)	
5	30	30	45	12	30	20	30	19	30	10	20
	E 1: Dominada reversa	E 12: Elevación del cuerpo (tumbado)			E 4: Mariposa reversa en rincón	E 8: Extensión de pierna y brazo en posición erguida (mantener estáticamente 10 s/lado)			E 14: Natación	E 13: Elevación en diagonal de un brazo y una pierna	
6	30	30	45	13	30	20	30	20	30	10	20
	C 8: Encogimientos abdominales con toque recto elevado de las puntas de los pies	C 24: Elevación de piernas (tumbado)			C 27: Postura en V (sentado)	C 26: Vela (mantener estático en la posición más elevada)			C 19: Encogimientos abdominales en círculo	C 14: Encogimientos abdominales en tijera	
7	30	30	45	14	30	20	30	21	30	10	20
	G 5: *Burpee*	G 4: Escalador + Sentadilla amplia con salto			G 5: *Burpee*	S 23: Hundimiento en banco			G 5: *Burpee* (sin fondo de brazos)	G 2: Aki Jacks + zancada alternada	
Total I:			12 min 10 s	Total II:			9 min 20 s	Total III:			7 min
Tiempo total de entrenamiento 28 min 30 s											

Recomendación para intermedios

Cualquiera que ambicione dedicarse al deporte y alcanzar éxito en sus resultados, a lo largo del tiempo debe incrementar tanto como pueda la intensidad de su entrenamiento. Por tanto, debe incrementar su rendimiento a base del siguiente programa practicando al menos en 3 o 4 sesiones semanales. A lo largo de estas sesiones el deportista puede entrenar solo durante una o dos rondas, si es que su

tiempo no le permite hacer más. Si alguno de los ejercicios es incompatible con los límites físicos del practicante, este no debe parar el entrenamiento, sino orientarse a otra variante del movimiento que le resulte más accesible. Si, en cambio, se percibe que este programa se puede ejecutar sin dificultad, es señal de que ha llegado la hora de pasar al profesional.

Plan de entrenamiento de 4 semanas

1ª semana

Día	Lunes	Martes	Miércoles	Jueves	Viernes	Sábado	Domingo
Entrena-miento	*Bodyboom* intermedios Programa medio. 1ª y 2ª rondas	Fundamentos de resistencia 45 a 60 minutos de entrenamiento suave de resistencia (correr, bicicleta, etc.)	*Bodyboom* intermedios Programa completo. 1ª, 2ª y 3ª rondas	Pausa activa (30 minutos de ejercicio suave (*jogging*, andar deprisa, etc.)	Pausa activa Estiramiento básico (estático +ligeramente dinámico aprox. 20 s /ejercicio)	*Bodyboom* intermedios Programa completo. 1ª, 2ª y 3ª rondas	Pausa pasiva (limitarse sencillamente a no hacer nada)

2ª semana

Día	Lunes	Martes	Miércoles	Jueves	Viernes	Sábado	Domingo
Entrena-miento	*Bodyboom* intermedios Programa completo. 1ª, 2ª y 3ª rondas	Pausa activa 30 minutos de movimiento básico (*jogging*, andar deprisa, etc.)	*Bodyboom* intermedios Programa completo. 1ª, 2ª y 3ª rondas	Fundamentos de resistencia 45 a 60 minutos de entrena-miento suave de resistencia (correr, bicicleta, etc.)	Pausa activa Estiramiento básico (estático +ligeramente dinámico aprox. 20 s /ejercicio)	*Bodyboom* intermedios Programa completo. 1ª, 2ª y 3ª rondas	Pausa pasiva (limitarse sencillamente a no hacer nada)

3ª semana

Día	Lunes	Martes	Miércoles	Jueves	Viernes	Sábado	Domingo
Entrena-miento	*Bodyboom* intermedios Programa completo. 1ª, 2ª y 3ª rondas	Fundamentos de resistencia 45 a 60 minutos de entrenamiento suave de resistencia (correr, bicicleta, etc.)	*Bodyboom* intermedios Programa completo. 1ª, 2ª y 3ª rondas	*Bodyboom* intermedios Programa medio. 1ª y 2ª rondas	Pausa activa Estiramiento básico (estático +ligeramente dinámico aprox. 20 s /ejercicio)	*Bodyboom* intermedios Programa completo. 1ª, 2ª y 3ª rondas	Pausa pasiva (limitarse sencillamente a no hacer nada)

4ª semana

Día	Lunes	Martes	Miércoles	Jueves	Viernes	Sábado	Domingo
Entrena-miento	*Bodyboom* intermedios Programa completo. 1ª, 2ª y 3ª rondas	*Bodyboom* intermedios Programa medio. 1ª y 2ª rondas	*Bodyboom* intermedios Programa completo. 1ª, 2ª y 3ª rondas	*Bodyboom* intermedios Programa medio. 1ª y 2ª rondas	Pausa activa Estiramiento básico (estático +ligeramente dinámico aprox. 20 s /ejercicio)	*Bodyboom* intermedios Programa completo. 1ª, 2ª y 3ª rondas	Pausa pasiva (limitarse sencillamente a no hacer nada)

Plan de entrenamiento para profesionales

Este plan de entrenamiento está dirigido a deportistas que están acostumbrados a entrenarse regularmente con ejercicios de alta intensidad que incluso llegan al fracaso muscular. Con este plan no solo se incrementa el volumen del entrenamiento, sino que también aumenta la intensidad de forma muy significativa. Cada ejercicio se debe practicar en una variante complicada e incluso en la más complicada posible. Sin embargo, los deportistas intermedios que quieran acercarse a este plan deben comenzar con calma y, a partir de una menor intensidad, irla subiendo gradualmente.

Profesionales											
Ronda 1				Ronda 2				Ronda 3			
Nº.	Ejercicio básico	Segundo ejercicio	Pausa	Nº.	Ejercicio básico	Segundo ejercicio = estático	Pausa	Nº.	Ejercicio básico	Segundo ejercicio = *burns*	Pausa
1	30	30	45	8	30	20	30	15	30	10	20
	I 8: Sentadilla de sumo con salto de ninja	I 15: Zancada adelante y Torsión con toque en el suelo (alternativo)			I 18: Sentadilla pistola (alternativo)	I 12: Marcha en posición de sentadilla en pared (10 s por cada pierna)			I 3: Sentadilla con salto plegado	I 9: Sentadilla + Sentadilla de sumo con salto	
2	30	30	45	9	30	20	30	16	30	10	20
	S 3: Fondo de brazos con los pies en elevación	S 8: Fondo Spiderman			S 5: Fondo japonés	S 12: Fondo de brazos con desplazamiento lateral (alternativo, cada 2 s mantenimiento estático en cada lado)			S 7: Fondo con un brazo en elevación (alternativo)	S 11: Fondo pliométrico de brazos	
3	30	30	45	10	30	20	30	17	30	10	20
	I 34: Elevación lateral recta de pierna desde cuatro apoyos (15 s por cada lado)	I 1 + I 35: Sentadilla + Patada frontal combinadas (alternativo)			I 40: Plancha lateral con elevación inversa de pierna (alternativo, con rotación)	S 15: Fondo de brazos en posición carpada (mantenimiento estático, la nariz a 5 cm del suelo)			G 3: Sentadilla amplia con salto + zancada capoeira (alternativo)	I 35: Elevación de rodillas hacia delante tan rápido como se pueda (con saltos)	
4	30	30	45	11	30	20	30	18	30	10	20
	C 13: Encogimientos abdominales en navaja de muelles	C 12: Encogimientos abdominales en postura de barca (con movim.)			C 28: Postura en V	C 31: Plancha frontal con apoyo de antebrazos (variante más complicada, alternativo)			C 21: Vueltas de tortuga	C 22: Encogimientos abdominales en postura de barca + bicicleta	
5	30	30	45	12	30	20	30	19	30	10	20
	E 5: Mariposa reversa	C 34: Plancha lateral con rotación			I 19 Curl de piernas	I 25: Puente a una sola pierna con brazos estirados (mantener estáticamente 10 s por cada pierna)			E 8: Extensión de pierna y brazo en posición erguida (con peso añadido)	E 14: Natación (con peso añadido, por ejemplo, botellas)	
6	30	30	45	13	30	20	30	20	30	10	20
	S 16: Fondo de brazos en posición carpada con los pies elevados	S 19: Fondo de brazos esfinge			G 7: Fondo de brazos con paso cruzado de cocodrilo	S 17: Pino contra la pared (sin fondo de brazos, solo mantenimiento)			S 21: Fondo de brazos con apoyo en forma de rombo	S 24: Hundimiento de pecho a un brazo y una pierna (con rápido cambio de lado)	
7	30	30	45	14	30	20	30	21	30	10	20
	G 6: Paso de Spiderman	C 29: Encogimiento de rodillas sentado			G 8: Entensión de espalda del prisionero + Sentadilla con salto	C 29: Encogimiento de rodillas sentado			S 13: T Fondo de brazos en T	G 5: *Burpee*	
Total I:			12 min 10 s	Total II:			9 min 20 s	Total III:			7 min
Tiempo total de entrenamiento 28 min 30 s											

Recomendación para profesionales

Si una persona practica regularmente deporte desde hace mucho tiempo, lo ha integrado en su vida de la misma forma que la ducha diaria o el camino al trabajo, y no se puede imaginar una vida carente de entrenamiento, esa persona es la candidata adecuada para este programa profesional. Si se realizan 5 o 6 sesiones, eso significa que se entrena todos los días, dejando solo una jornada de pausa. A este nivel de rendimiento el cuerpo ya está acostumbrado a soportar altos volúmenes de entrenamiento, de forma que la fase de regeneración es más rápida y económica. Por este motivo solo se debe contar con un día (máximo dos) de pausa a la semana. Este programa es duro, pero correcto y adecuado. Si se entrena de forma regular, se obtendrán unos visibles resultados al cabo de 4 a 6 semanas. Bajará la grasa corporal, los músculos adquirirán vigor y todo el cuerpo se mantendrá a pleno rendimiento.

Plan de entrenamiento de 4 semanas

1ª semana

Día	Lunes	Martes	Miércoles	Jueves	Viernes	Sábado	Domingo
Entrenamiento	*Bodyboom* profesionales Programa medio. 1ª y 2ª rondas	Fundamentos de resistencia 45 a 60 minutos de entrenamiento suave de resistencia (correr, bicicleta, etc.)	*Bodyboom* profesionales Programa completo. 1ª, 2ª y 3ª rondas	*Bodyboom* profesionales Programa corto. Solo 1.ª ronda	Pausa activa Estiramiento básico (estático + ligeramente dinámico aprox. 20 s /ejercicio)	*Bodyboom* profesionales Programa completo. 1ª, 2ª y 3ª rondas	Pausa pasiva (limitarse sencillamente a no hacer nada)

2ª semana

Día	Lunes	Martes	Miércoles	Jueves	Viernes	Sábado	Domingo
Entrenamiento	*Bodyboom* profesionales Programa completo. 1ª, 2ª y 3ª rondas	*Bodyboom* profesionales Programa medio. 1ª y 2ª rondas	*Bodyboom* profesionales Programa completo. 1ª, 2ª y 3ª rondas	*Bodyboom* profesionales Programa corto. Solo 1.ª ronda	Pausa activa Estiramiento básico (estático + ligeramente dinámico aprox. 20 s /ejercicio)	*Bodyboom* profesionales Programa completo. 1ª, 2ª y 3ª rondas	Pausa pasiva (limitarse sencillamente a no hacer nada)

3ª semana

Día	Lunes	Martes	Miércoles	Jueves	Viernes	Sábado	Domingo
Entrenamiento	*Bodyboom* profesionales Programa completo. 1ª, 2ª y 3ª rondas	Pausa activa (30 minutos de ejercicio suave (*jogging*, andar deprisa, etc.)	*Bodyboom* profesionales Programa completo. 1ª, 2ª y 3ª rondas	*Bodyboom* profesionales Programa medio. 1ª y 2ª rondas	*Bodyboom* profesionales Programa completo. 1ª, 2ª y 3ª rondas	*Bodyboom* profesionales Programa completo. 1ª, 2ª y 3ª rondas	Pausa pasiva (limitarse sencillamente a no hacer nada)

4ª semana

Día	Lunes	Martes	Miércoles	Jueves	Viernes	Sábado	Domingo
Entrenamiento	*Bodyboom* profesionales Programa completo. 1ª, 2ª y 3ª rondas	*Bodyboom* profesionales Programa completo. 1ª, 2ª y 3ª rondas	Fundamentos de resistencia 45 a 60 minutos de entrenamiento suave de resistencia (correr, bicicleta, etc.)	*Bodyboom* profesionales Programa medio. 1ª y 2ª rondas	*Bodyboom* profesionales Programa completo. 1ª, 2ª y 3ª rondas	*Bodyboom* profesionales Programa completo. 1ª, 2ª y 3ª rondas	Pausa pasiva (limitarse sencillamente a no hacer nada)

De principiante a profesional: plan personalizado de entrenamiento para 12 semanas:

Un incremento progresivo del esfuerzo y de la densidad del estímulo conduce a largo plazo a un nivel de entrenamiento persistente y estable, mientras que el aumento rápido de la carga y una estimulación excesivamente potente en la fase de iniciación puede acarrear efectos perjudiciales. Por este motivo, lo más recomendable para los principiantes es fijarse pequeñas metas parciales y empezar con calma. Esa es la razón por la que no hay que tratar de elevar el nivel en cada sesión de entrenamiento. En lugar de eso, basta con fijar etapas cortas (de 4 a 6 semanas), en las que, para el mejor desarrollo del entrenamiento, el contenido, el volumen y la intensidad se mantengan prácticamente iguales y solo sufran pequeñas variaciones. Es en las primeras sesiones del entrenamiento de los principiantes donde se debe atender a optimizar el proceso de coordinación. De esa forma el cuerpo aprenderá a regular correctamente sus músculos a fin de que el movimiento se pueda ejecutar de forma adecuada. Una vez que se domine el ejercicio, ya se puede entrenar hasta alcanzar el umbral natural de estimulación. De esa manera el músculo se adapta morfológicamente, es decir, a nivel celular, y resulta más eficiente.

Para facilitar al principiante la iniciación a un entrenamiento a largo plazo, en las tablas que siguen se puede encontrar una recomendación para un entrenamiento de 12 semanas. Este tiempo constituye lo que se denomina un «macrociclo»; es decir, un período completo de entrenamiento que, a su vez, se divide en tres «mesociclos». Cada mesociclo incluye a su vez unos «microciclos» que describen el contenido del entrenamiento a lo largo de una semana. El principiante comienza con el primer mesociclo, que dura 4 semanas y contiene ejercicios de intensidad básica o media. En este tiempo se debe entrenar al menos tres veces por semana. Después de este comienzo, ya se puede acceder al mesociclo intermedio, también de cuatro semanas de duración.

Los ejercicios son más complicados y se incrementa el volumen de entrenamiento semanal. Una vez superado, se pasa al último mesociclo, con ejercicios difíciles y durante el que se debe entrenar hasta seis veces por semana.

¿Cómo continuar después de las 12 semanas?

Una vez finalizado el período completo de entrenamiento, deben seguir unos días o incluso una semana de recuperación activa con sesiones regulares y básicas de resistencia de baja intensidad, como puede ser el *jogging* o la bicicleta. Después se puede ejecutar otro plan de entrenamiento, incluso el mismo que ya se ha realizado, pero ahora con ejercicios distintos y más complicados.

En caso de desear algo de variación en este programa de 12 semanas, lo adecuado podría ser, entre otros, el entrenamiento Tabata, que economiza tiempo, uno que siga las pautas de la pirámide Gärtner o bien un *splittraining* específico para grupos musculares, en el que todo el entrenamiento se reparte entre las diversas zonas del cuerpo.

Un *splitting* para grupos musculares significa que durante una sesión se puede concentrar el trabajo en una o dos regiones del cuerpo hasta alcanzar un rendimiento pleno. En el siguiente o los dos siguientes días se puede entrenar otra región, que se convertirá en el nuevo centro de atención. Al mismo tiempo, se pueden mover pasivamente los músculos que se han cargado el día anterior y regenerarlos rápidamente debido al incremento del riego sanguíneo. Justo por este motivo, en el capítulo de ejercicios de este libro se clasifican los grupos musculares según unos patrones específicos de esfuerzos en los que se describe con toda precisión la acción conjunta de los músculos que toman parte en un movimiento.

Se pueden encontrar explicaciones más precisas así como la descripción de un programa *splitting* a continuación, en la tabla de 12 semanas.

Macrociclo (12 semanas)

Programa básico (mesociclo = 4 semanas)				Programa medio (mesociclo = 4 semanas)				Programa avanzado (mesociclo = 4 semanas)			
Sem. I	Sem. II	Sem. III	Sem. IV	Sem. I	Sem. II	Sem. III	Sem. IV	Sem. I	Sem. II	Sem. III	Sem. IV
Lun *Bodyboom* principiantes 1ª ronda	**Lun** *Bodyboom* principiantes 1ª y 2ª rondas	**Lun** *Bodyboom* principiantes 1ª, 2ª y 3ª rondas	**Lun** *Bodyboom* principiantes 1ª, 2ª y 3ª rondas	**Lun** *Bodyboom* intermedio 1ª y 2ª rondas	**Lun** *Bodyboom* intermedio 1ª, 2ª y 3ª rondas	**Lun** *Bodyboom* intermedio 1ª, 2ª y 3ª rondas	**Lun** *Bodyboom* intermedio 1ª, 2ª y 3ª rondas	**Lun** *Bodyboom* profesionales 1ª y 2ª rondas	**Lun** *Bodyboom* profesionales 1ª, 2ª y 3ª rondas	**Lun** *Bodyboom* profesionales 1ª, 2ª y 3ª rondas	**Lun** *Bodyboom* profesionales 1ª, 2ª y 3ª rondas
Mar Pausa activa (30 min *jogging*)	**Mar** Pausa activa (30 min *jogging*)	**Mar** Pausa activa (30 min *jogging*)	**Mar** Pausa activa (30 min *jogging*)	**Mar** Fundamentos de resistencia 45 a 60 min de correr, bicicleta, etc	**Mar** Pausa activa 30 min de *jogging* ligero (u otro ejercicio)	**Mar** Fundamentos de resistencia 45 a 60 min de correr, bicicleta, etc	**Mar** *Bodyboom* intermedio 1ª y 2ª rondas	**Mar** Fundamentos de resistencia 45 a 60 min de correr, bicicleta, etc	**Mar** *Bodyboom* profesionales 1ª y 2ª rondas	**Mar** Pausa activa (30 min *jogging*)	**Mar** *Bodyboom* profesionales 1ª, 2ª y 3ª rondas
Mié *Bodyboom* principiantes 1ª y 2ª rondas	**Mié** *Bodyboom* principiantes 1ª, 2ª y 3ª rondas	**Mié** *Bodyboom* principiantes 1ª, 2ª y 3ª rondas	**Mié** *Bodyboom* principiantes 1ª, 2ª y 3ª rondas	**Mié** *Bodyboom* intermedio 1ª, 2ª y 3ª rondas	**Mié** *Bodyboom* intermedio 1ª, 2ª y 3ª rondas	**Mié** *Bodyboom* intermedio 1ª, 2ª y 3ª rondas	**Mié** *Bodyboom* intermedio 1ª, 2ª y 3ª rondas	**Mié** *Bodyboom* profesionales 1ª, 2ª y 3ª rondas	**Mié** *Bodyboom* profesionales 1ª, 2ª y 3ª rondas	**Mié** *Bodyboom* profesionales 1ª, 2ª y 3ª rondas	**Mié** Fundamentos de resistencia 45 a 60 min de correr, bicicleta, etc
Jue Pausa pasiva (descanso)	**Jue** Pausa pasiva (descanso)	**Jue** Pausa pasiva (descanso)	**Jue** *Bodyboom* principiantes 1ª y 2ª rondas	**Jue** Pausa activa 30 min de *jogging* ligero (u otro ejercicio)	**Jue** Fundamentos de resistencia 45 a 60 min de correr, bicicleta, etc	**Jue** *Bodyboom* intermedio 1ª y 2ª rondas	**Jue** *Bodyboom* intermedio 1ª y 2ª rondas	**Jue** *Bodyboom* profesionales 1ª ronda	**Jue** *Bodyboom* profesionales 1ª ronda	**Jue** *Bodyboom* profesionales 1ª y 2ª rondas	**Jue** *Bodyboom* profesionales 1ª, 2ª y 3ª rondas
Vie Pausa activa, ligero estiramiento	**Vie** Pausa activa, ligero estiramiento	**Vie** Pausa activa, ligero estiramiento	**Vie** Pausa activa, ligero estiramiento	**Vie** Pausa activa, ligero estiramiento	**Vie** Pausa activa, ligero estiramiento	**Vie** Pausa activa, ligero estiramiento	**Vie** Pausa activa, ligero estiramiento	**Vie** Pausa activa, ligero estiramiento	**Vie** Pausa activa, ligero estiramiento	**Vie** *Bodyboom* profesionales 1ª, 2ª y 3ª rondas	**Vie** *Bodyboom* profesionales 1ª, 2ª y 3ª rondas
Sáb *Bodyboom* principiantes 1ª, 2ª y 3ª rondas	**Sáb** *Bodyboom* principiantes 1ª, 2ª y 3ª rondas	**Sáb** *Bodyboom* principiantes 1ª, 2ª y 3ª rondas	**Sáb** *Bodyboom* principiantes 1ª, 2ª y 3ª rondas	**Sáb** *Bodyboom* intermedio 1ª, 2ª y 3ª rondas	**Sáb** *Bodyboom* intermedio 1ª, 2ª y 3ª rondas	**Sáb** *Bodyboom* intermedio 1ª, 2ª y 3ª rondas	**Sáb** *Bodyboom* intermedio 1ª, 2ª y 3ª rondas	**Sáb** *Bodyboom* profesionales 1ª, 2ª y 3ª rondas	**Sáb** *Bodyboom* profesionales 1ª, 2ª y 3ª rondas	**Sáb** *Bodyboom* profesionales 1ª, 2ª y 3ª rondas	**Sáb** *Bodyboom* profesionales 1ª, 2ª y 3ª rondas
Dom Pausa pasiva (descanso)	**Dom** Pausa pasiva (descanso)	**Dom** Pausa pasiva (descanso)	**Dom** Pausa pasiva (descanso)	**Dom** Pausa pasiva (descanso)	**Dom** Pausa pasiva (descanso)	**Dom** Pausa pasiva (descanso)	**Dom** Pausa pasiva (descanso)	**Dom** Pausa pasiva (descanso)	**Dom** Pausa pasiva (descanso)	**Dom** Pausa activa, ligero estiramiento	**Dom** Pausa pasiva (descanso)

Splitting-Grupos musculares

Está comprobado que la clasificación en grupos musculares o regiones del cuerpo puede ser muy efectiva con tal de que los ejercicios y sus contenidos estén razonablemente ajustados unos con otros. El denominado *splittraining* procede del culturismo y está considerado como especialmente efectivo a la hora de desarrollar músculos más vigorosos y tonificados. Además, permite ahorrar mucho tiempo si se enfoca especialmente en uno o dos grupos musculares. Para seguir este método de entrenamiento es absolutamente necesario entrenar al menos de 3 a 5 veces a la semana. Por otra parte, las pausas entre el entrenamiento de las zonas aisladas del cuerpo deben ser suficientemente prolongadas para que el proceso de adaptación se asiente de forma efectiva.

Dos tipos de *splittraining*

Grupos musculares: Este tipo está orientado a clasificar los grupos musculares estableciendo cuáles actúan como primarios y cuáles sirven de apoyo, y de esa forma saber cuáles de ellos deben ser entrenados de forma más o menos intensa dentro de una unidad. Es lo que ocurre, por ejemplo, cuando en un ejercicio de empuje (fondos, *press* de banca) es el tríceps el solicitado como musculatura auxiliar. Si un deportista pretende, sobre todo, entrenar la fuerza, no resulta recomendable que se dedique a trabajar los tríceps de forma aislada, pues el agotamiento no le permitirá desarrollar su capacidad de rendimiento total. En este caso resulta mucho más adecuado el bíceps, pues en los ejercicios de empuje su acción es pasiva y no participa como músculo de apoyo. De acuerdo con lo mencionado anteriormente, resultan muy efectivas las siguientes combinaciones:

- Tórax + bíceps (+ abdomen)
- Espalda + tríceps (+ abdomen)
- Hombros + piernas (+ abdomen)

Sin embargo, cabe decir que, para músculos aislados, el *splitting* puede resultar más sencillo en un entrenamiento con aparatos que en el realizado con el propio peso corporal, ya que en este se ven implicados varios grupos musculares. En el entrenamiento con aparatos y mancuernas, gracias a unos transcursos de movimientos firmes, los músculos se pueden entrenar mucho mejor de forma aislada. Ese es el motivo por el que, en el *bodyweight-trainig*, es muy razonable subdividir el cuerpo en zonas.

Zonas del cuerpo: La anatomía humana posibilita la realización de diversos movimientos básicos que son factibles gracias a la acción conjunta de distintos grupos musculares. Al principio del capítulo de ejercicios de esta obra se ha comprobado que los típicos ejercicios de apoyo, presión o tensión se pueden realizar por los mismos músculos agrupados en una cadena muscular, que es la encargada de los movimientos. Por este motivo, en el entrenamiento con el propio peso corporal no cabe minusvalorar el beneficio de la mejora que se consigue con la sincronización y el control de tales grupos musculares. Las diversas zonas del cuerpo pueden ser clasificadas en base a estas cadenas musculares:

- Movimientos de apoyo: tren superior anterior (tórax, hombros, tríceps)
- Movimientos de tracción: espalda y tren superior posterior (parte superior y lateral de la espalda, bíceps, parte posterior de los hombros)
- Estabilización: centro del cuerpo (musculatura abdominal, parte inferior de la espalda, glúteos)
- Movimientos en posición erguida: tren inferior del cuerpo (musculatura de piernas y muslos, flexor de la cadera, glúteos)

A continuación se sugieren unos ejercicios que sirven para facilitar el entrenamiento según la división del cuerpo en zonas.

Splittraining según las zonas del cuerpo: propuesta de entrenamiento semanal

En la tabla que sigue, cada ejercicio aparece descrito según tres formas distintas de ejecución (básica/media/avanzada) para que cubran tres niveles distintos de rendimiento. El deportista que conozca su cuerpo y sepa lo que es capaz de hacer, debe elegir los ejercicios cuya dificultad le parezca adecuada. En caso contrario, deberá tantear prudentemente desde la variante sencilla hasta la más complicada. Si se consiguen hacer algunas repeticiones del ejercicio más difícil, entonces deben ejecutarse sin desviaciones. Cuando el cansancio sea creciente, habrá que realizar ejecuciones medias y luego pasar a las sencillas.

Lunes			Martes	Miércoles			Jueves			Viernes	Sábado			Domingo
Tren superior			Pausa activa	Centro del cuerpo			Espalda			Pausa activa	Tren inferior			Pausa pasiva
Tórax hombros tríceps				Abdomen tronco			Espalda bíceps				Piernas glúteos			Día de pausa
Básico S2	*Medio* S1	*Avanz.* S3	Entrenamiento ligero de resistencia	*Básico* C1	*Medio* C8	*Avanz.* C12	*Básico* E2	*Medio* E1	*Avanz.* E1**	Entrenamiento ligero de resistencia	*Básico* I1	*Medio* I3	*Avanz.* I9	Descanso y relajación
Cada 3-4 series/50 s 50 s de pausa entre series. 2 m de pausa al cambiar al siguiente ejercicio			Unos 45 a 60 m de *jogging*/bicicleta, etc., con frecuencia cardíaca de 120/140 pulsac./m	Cada 3-4 series/50 s 50 s de pausa entre series. 2 m de pausa al cambiar al siguiente ejercicio			Cada 3-4 series/50 s 50 s de pausa entre series. 2 m de pausa al cambiar al siguiente ejercicio			Unos 45 a 60 m de *jogging*/bicicleta, etc., con frecuencia cardíaca de 120/140 pulsac./m	Cada 3-4 series/50 s 50 s de pausa entre series. 2 m de pausa al cambiar al siguiente ejercicio			Eventualmente, sauna, baños termales y de sol
Básico S6*	*Medio* S4	*Avanz.* S5		*Básico* C6	*Medio* C11	*Avanz.* C13	*Básico* E3	*Medio* E4	*Avanz.* E5		*Básico* I13	*Medio* I17	*Avanz.* I18	
Cada 3-4 series/45 s 45 s de pausa entre series. 2 m de pausa al cambiar al siguiente ejercicio			Adicionalmente, ligero estiramiento, todo el cuerpo de 15 a 20 s por ejercicio estático + ligeramente dinámico	Cada 3-4 series/45 s 45 s de pausa entre series. 2 m de pausa al cambiar al siguiente ejercicio			Cada 3-4 series/45 s 45 s de pausa entre series. 2 m de pausa al cambiar al siguiente ejercicio			Adicionalmente, ligero estiramiento, todo el cuerpo de 15 a 20 s por ejercicio estático + ligeramente dinámico	Cada 3-4 series/45 s 45 s de pausa entre series. 2 m de pausa al cambiar al siguiente ejercicio			
Básico S14*	*Medio* S15	*Avanz.* S16		*Básico* C18	*Medio* C19	*Avanz.* C21	*Básico* E6	*Medio* E8	*Avanz.* E8**		*Básico* I22	*Medio* I21	*Avanz.* I124**	
Cada 3-4 series/40 s 40 s de pausa entre series. 2 m de pausa al cambiar al siguiente ejercicio				Cada 3-4 series/40 s 40 s de pausa entre series. 2 m de pausa al cambiar al siguiente ejercicio			Cada 3-4 series/40 s 40 s de pausa entre series. 2 m de pausa al cambiar al siguiente ejercicio				Cada 3-4 series/40 s 40 s de pausa entre series. 2 m de pausa al cambiar al siguiente ejercicio			
Básico S20*	*Medio* S18	*Avanz.* S19		*Básico* C23	*Medio* C24	*Avanz.* C29	*Básico* E14	*Medio* E15	*Avanz.* E15**		*Básico* I31	*Medio* I33	*Avanz.* I34	
Cada 3-4 series/35 s 35 s de pausa entre series. 2 m de pausa al cambiar al siguiente ejercicio				Cada 3-4 series/35 s 35 s de pausa entre series. 2 m de pausa al cambiar al siguiente ejercicio			Cada 3-4 series/35 s 35 s de pausa entre series. 2 m de pausa al cambiar al siguiente ejercicio				Cada 3-4 series/35 s 35 s de pausa entre series. 2 m de pausa al cambiar al siguiente ejercicio			
Básico S23	*Medio* S23	*Avanz.* S23**		*Básico* C31	*Medio* C32	*Avanz.* C33	*Básico* I26	*Medio* I28	*Avanz.* I128**		*Básico* I36	*Medio* I37	*Avanz.* I138	
Cada 3-4 series/30 s 30 s de pausa entre series. 2 m de pausa al cambiar al siguiente ejercicio				Cada 3-4 series/30 s 30 s de pausa entre series. 2 m de pausa al cambiar al siguiente ejercicio			Cada 3-4 series/30 s 30 s de pausa entre series. 2 m de pausa al cambiar al siguiente ejercicio				Cada 3-4 series/30 s 30 s de pausa entre series. 2 m de pausa al cambiar al siguiente ejercicio			
Ejercicio bonus para finalizar la sesión G5: 2 en 60 s G4: 2 en 60 s				**Ejercicio bonus para finalizar la sesión** G 8: 2 en 60 s I 31/I 32: 2 en cada 60 s C 31: 1 en 60 s			**Ejercicio bonus para finalizar la sesión** I 25: 2 en 60 s E 7: 2 en 60 s mantener estáticamente				**Ejercicio bonus para finalizar la sesión** G 2: 1 en 60 s I 42/I 43: 1 en 60 s I 11/I 12: 2 de cada en 60 s			

* Ejecución más sencilla, eventualmente con rodillas o piernas flexionadas.
** Variante complicada (eventualmente con piernas en alto o con peso suplementario, por ejemplo, con botellas de agua).
Para ejercicios alternativos siempre se ejecutará primero una serie completa en uno de los lados y después otra en el lado contrario.
Intentar hacer tantas repeticiones como sea posible durante el tiempo de esfuerzo. Anotar en una tabla los resultados conseguidos y comprobar el éxito del entrenamiento al cabo de varias semanas.

Entrenamiento Tabata: sesiones rápidas a modo de complemento o para realizar entremedias

Esta versión del *HIIT (High intensity interval training)* ya se ha comentado en el capítulo relativo a los parámetros de esfuerzo (ver pág. 26). El método se puede aplicar tanto a un grupo aislado de músculos como a todo el cuerpo. En las tablas que siguen se han reunido algunas propuestas Tabata con las que poder iniciar de inmediato el entrenamiento. Cada una de dichas tablas contiene tres grados distintos de dificultad para que cada uno seleccione el nivel con el que desea comenzar. La ventaja asociada estriba en que durante el entrenamiento se puede cambiar de forma muy sencilla de un nivel a otro. Por ejemplo, puede ocurrir que después de la 4ª ronda en la forma de ejecución más complicada el deportista ya no sea capaz de realizar ninguna repetición más. No hay que abandonar el entrenamiento sino cambiar a un nivel medio o incluso sencillo. Según el tiempo y la energía que se quieran consumir, se puede ejecutar consecutivamente toda la batería de ejercicios o realizar tan solo algunos seleccionados. Estas sesiones pueden servir de complemento al entrenamiento o para hacer una sesión rápida *(quick-workout)* cuando se disponga de poco tiempo pero no se quiera descuidar el entrenamiento.

Gracias a este principio *HIIT,* se puede alcanzar en muy poco tiempo un máximo de rendimiento muscular. Con ello, por ejemplo, a causa de una elevada producción de lactato, se consigue la optimización de la síntesis hormonal que sirve para activar importantes procesos de desarrollo de los músculos. Sin embargo, lo realmente importante es alcanzar los límites de rendimiento. En caso de que los ejercicios sean demasiado sencillos y no se llegue a percibir un agotamiento extremo, los efectos solo tienen lugar de forma parcial. En este entrenamiento hay que llegar a los límites de cada uno.

Entrenamiento de todo el cuerpo

Ejercicio nº:	Básico	Medio	Avanzado	Tiempo
Ronda 1	G 1	G 2	G 3	20 s de esfuerzo/10 s pausa
Ronda 2	I 7 + I 13	I 3	I 8 + I 14	20 s de esfuerzo/10 s pausa
Ronda 3	G 5 (sin fondo de brazos)	G 5	G 5 + S 8	20 s de esfuerzo/10 s pausa
Ronda 4	C 1	C 8	C 12	20 s de esfuerzo/10 s pausa
Ronda 5	G 4	G 4 + S 1	G 4 + S 15	20 s de esfuerzo/10 s pausa
Ronda 6	C 25	C 27	C 32	20 s de esfuerzo/10 s pausa
Ronda 7	E 2	E 2 (piernas flexionadas)	E 1 (piernas extendidas)	20 s de esfuerzo/10 s pausa
Ronda 8	C 31	C 32	C 33	20 s de esfuerzo/10 s pausa

Tren inferior

Ejercicio nº:	Básico	Medio	Avanzado	Tiempo
Ronda 1	I 2	I 3	I 8	20 s de esfuerzo/10 s pausa
Ronda 2	I 4	I 5	I 19	20 s de esfuerzo/10 s pausa
Ronda 3	I 7	I 11	I 21	20 s de esfuerzo/10 s pausa
Ronda 4	G 1	G 2	G 3	20 s de esfuerzo/10 s pausa
Ronda 5	I 13	I 14	I 14 + I 3	20 s de esfuerzo/10 s pausa
Ronda 6	I 27 izquierda	I 33 izquierda	I 34 izquierda	20 s de esfuerzo/10 s pausa
Ronda 7	I 27 derecha	I 33 derecha	I 34 derecha	20 s de esfuerzo/10 s pausa
Ronda 8	I 35 alternativo	I 35 con patada frontal alternativa	I 35 + I 41 alternativo	20 s de esfuerzo/10 s pausa

Tren superior

Ejercicio nº:	Básico	Medio	Avanzado	Tiempo
Ronda 1	S 2	S 3	S 11	20 s de esfuerzo/10 s pausa
Ronda 2	S 4 arrodillado	S 9	S 12	20 s de esfuerzo/10 s pausa
Ronda 3	S 15 mantenimiento estático	S 14	S 14	20 s de esfuerzo/10 s pausa
Ronda 4	S 22 piernas flexionadas	S 22	S 19	20 s de esfuerzo/10 s pausa
Ronda 5	E 1 posición estrecha de los pies	S 1	C 31	20 s de esfuerzo/10 s pausa
Ronda 6	E 4	E 1	E 5	20 s de esfuerzo/10 s pausa
Ronda 7	S 6 arrodillado derecha	S 18	S 17	20 s de esfuerzo/10 s pausa
Ronda 8	G 5 fondo arrodillado	G 5	G 5 + S 10	20 s de esfuerzo/10 s pausa

Core (Zona media)

Ejercicio nº:	Básico	Medio	Avanzado	Tiempo
Ronda 1	C 6	C 8	C 12	20 s de esfuerzo/10 s pausa
Ronda 2	C 3	C 11	G 8	20 s de esfuerzo/10 s pausa
Ronda 3	C 15	C 26	C 28	20 s de esfuerzo/10 s pausa
Ronda 4	C 7	C 14	C 13	20 s de esfuerzo/10 s pausa
Ronda 5	C 18	C 19	C 21	20 s de esfuerzo/10 s pausa
Ronda 6	C 23	C 24	C 26 + C 24	20 s de esfuerzo/10 s pausa
Ronda 7	C 31	C 32	C 33	20 s de esfuerzo/10 s pausa
Ronda 8	C 25	C 27	C 29	20 s de esfuerzo/10 s pausa

Índice de ejercicios

Índice alfabético

Bibliografía empleada

BOYLE, M (2010): Functional Training
– Das Erfolgsprogramm der
Spitzensportler. München: Riva Verlag.

EHLENZ, H. / GRPOSSER, M. /
ZIMMERMANN, E. (1998): Krafttraining.
München, Wien, Zürich.

FLECH, S. / KRAEMER, W. (2004):
Designing Resistancie Training.
Human Kinetics, Expanded third
edition, p. 155.

GÖHNER, U. (1979):
Bewegungsanalyse im Sport.
Schorndorf: Hofmann.

GROSSER, M. / RENNER, T. (2007):
Schnelligkeitstraining – Grundlagen,
Methoden, Leistungssteuererung,
Programme für alle Sportarten.
München: BLV Buchverlag.

GROSSER, M. / STARISCHVA, S. /
ZIMMERMANN, E. (2012): Das neue
Konditionstraining. Grundlagen /
Methoden / Leistungssteuerung /
Übungen / Trainingsprogramme.
München: BLV Buchverlag.

GROSSER, M. / STARISCHVA, S. /
ZIMMERMANN, E. (2001): Das neue
Konditionstraining für alle Sportarten,
für Kinder, Jugendliche und Aktive.
München: BLV Buchverlag.

LETZELTER, M (1984):
Trainingsgrundlagen. Reinbek:
Rowohlt Verlag.

MEINEL, K. / SCHNABEL, G. (2004):
Bewegungslehre – Sportmotorik.
München: Südwest Verlag.

SANATA, J.C. (2000): FUNCTIONAL
Training: Breaking the Bonds of
Traditionalism, Boca Raton, FL:
Optimum Performance Systems.

SCHNABEL G./ HARRE, D. / BORDE, A.
(Hrsg.) (1994):
Trainingswissenschaft: Leistung –
Training - Wettkampf. Berlin:
Sportverlag.

SCHNABEL G./ HARRE, D. / KRUG, J.
(Hrsg.) (2005): Trainingswissenschaft
– Leistung, Training, Wettkampf.
Berlin: Sportverlag.

STÖRIG, H.J. (1982): Kleine
Weltgeschichte der Wissenschaft 2,
Hamburg: Fischer Taschenbuch.

WEINECK, J. (2010): Optimales Training
– Leistungsphysiologische
Trainingslehre unter besonderer
Berücksichtigung des Kinder-und
Jugendtrainings. 16. Auflege.
Balingen: Spitta Verlag.

Editor: David Domingo
Coordinación editorial: Paloma González
Traducción: Eva Nieto
Revisión técnica: Dr. Alberto Muñoz Soler

Publicado por primera vez en Alemania en 2014 por BLV Buchverlag GmbH & Co. KG, München
Título original: *Der Muskel-Guide ohne Geräte* de Daniel Gärtner

© 2014 *by* BLV Buchverlag GmbH & Co. KG, München, Alemania
© 2015 *by* Ediciones Tutor, S.A.
   Marqués de Urquijo, 34. 28008 Madrid
   Tel: 91 559 98 32. Fax: 91 541 02 35
   e-mail: info@edicionestutor.com
   www.edicionestutor.com

Socio fundador
de la World Sport Publishers' Association
(WSPA)

Créditos de las fotografías:
Todas las fotografías de Ulli Seer, excepto
pp. 1, 6/7, 9, 16, 172 y 175: Daniel Gärtner
p. 10: Shutterstock (Lefteris Papaulakis)
p. 11: Shutterstock (Everett Collection)

Dibujos: Angelika Brauner, München

ISBN: 978-84-7902-858-9
Depósito legal: M-26.769-2015
Impreso en Artes Gráficas COFÁS
Impreso en España – *Printed in Spain*

Otros títulos publicados por **TUTOR**:

Anatomía del entrenamiento de la fuerza con el propio peso corporal

Bret Contreras

224 pp. Cód.: 502112

Con ilustraciones anatómicas, instrucciones y consejos de entrenamiento, esta obra ayuda a esculpir el físico con autocargas, sin máquinas.

Método de musculación

Olivier Lafay

224 pp. Cód.: 502078

Método de entrenamiento progresivo y programas específicos, con los que practicantes de cualquier nivel podrán alcanzar los resultados deseados.

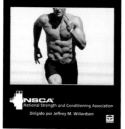

Programas para desarrollar la zona media (Core)

Jeffrey M. Willardson

240 pp. Cód.: 502115

73 ejercicios efectivos, herramientas de evaluación, programas específicos para 11 deportes y consejos para lograr un fuerte y bien acondicionado segmento somático central.

Anatomía de los estiramientos

(EDICIÓN AMPLIADA Y ACTUALIZADA)

Arnold G. Nelson y *Jouko Kokkonen*

224 pp. Cód.: 502113

Nueva edición de la mejor guía de los músculos en acción durante los estiramientos, con explicaciones para hacerlos con seguridad y obtener el máximo rendimiento.

Fitness Boxing

Andy Dumas y *Jamie Dumas*

160 pp. Cód.: 500606

Este libro enseña cómo adecuar las técnicas de entrenamiento de un boxeador a fines como perder peso, tonificarse o mejorar velocidad, fuerza, resistencia, coordinación y flexibilidad.

Guía de nutrición para el entrenamiento de la fuerza

Alberto Muñoz Soler

128 pp. Cód.: 500590

Las bases fundamentales de alimentación que deben conocer los deportistas que entrenan la fuerza, así como las pautas dietéticas especiales que deben cubrir.

Si desea más información sobre estos y otros libros publicados por Ediciones Tutor, consulte nuestra página: **www.edicionestutor.com**